GÜTERSLOHER
VERLAGSHAUS

Für Inge.
Für Alleeeg.

Katharina Ohana

# Mr. Right

VON DER KUNST, DEN RICHTIGEN ZU FINDEN.
UND ZU BEHALTEN.

GÜTERSLOHER VERLAGSHAUS

Bibliografische Information der Deutschen Nationalbibliothek

Die Deutsche Nationalbibliothek verzeichnet diese Publikation
in der Deutschen Nationalbibliografie; detaillierte bibliografische
Daten sind im Internet über https://portal.dnb.de abrufbar.

Verlagsgruppe Random House FSC® N001967
Das für dieses Buch verwendete FSC®-zertifizierte
Papier *Munken Premium Cream* liefert
Arctic Paper Munkedals AB, Schweden.

1. Auflage
Copyright © 2013 by Gütersloher Verlagshaus, Gütersloh,
in der Verlagsgruppe Random House GmbH, München

Coverfoto: © Andrea Nowak, Rheda-Wiedenbrück
Druck und Einband: CPI – Ebner & Spiegel, Ulm
Printed in Germany
ISBN 978-3-579-06624-0

www.gtvh.de

# Inhalt

# Einleitung

*»Vor der Hochzeit hatte sie geglaubt, dass sie Liebe für ihn empfinde; aber da das Glück, das aus dieser Liebe hätte entspringen sollen, ausgeblieben war, musste sie denken, dass sie sich geirrt habe. Und Emma versuchte zu ergründen, was genau die Worte ›Seligkeit‹, ›Leidenschaft‹, ›Trunkenheit‹ bedeuteten, die ihr in den Büchern so schön erschienen waren.«*
(Gustave Flaubert, Madame Bovary)

Der Traum von der großen, alles überwindenden, unsterblichen Liebe ist eine Säule unseres modernen Lebens, unserer Kultur. Wir haben genaue Vorstellungen von dem »idealen Partner«, mit dem wir diese Liebe teilen wollen: von seinem Aussehen, seinem Status, unserer Seelenverwandtschaft und dem Vertrauen, das dieser wahren Liebe zugrunde liegen soll. Und so sind heute die zwei wichtigsten Fragen – gerade im Leben vieler moderner Frauen: Wo, bitte, finde ich den Richtigen? Und wie kann ich ihn behalten?

Wir leben in einer Welt, in der die große Liebe im Zentrum eines Glücksversprechens steht, das die Konsumgesellschaft ihren Mitgliedern macht – und das sich so oft nicht erfüllt. Immer scheinen es nur die anderen, die hübscheren, schlankeren, jüngeren, besser gekleideten, sportlicheren, intelligenteren, erfolgreicheren, noch fleißigeren, noch disziplinierteren Menschen zu sein, denen dieses große Glück zuteilwird. Doch wieso sollte es diesen Mr. RIGHT nicht auch für uns geben, wenn wir in all den romantischen Liebeskomödien, den Bestsellern der Frauenliteratur und in jeder Joghurtwerbung sehen können, dass andere Frauen ihn auch gefunden haben?

Gerade moderne, selbstständige Frauen sehen sich mit ihrer Selbstverwirklichung, genauso wie bei ihrer Suche nach dem richtigen Mann, einem ständig größer werdenden Druck ausgesetzt. Die Ansprüche, die man erfüllen muss, um ein erfülltes Leben zu haben und die große Liebe zu finden, werden immer umfassender. Sie werden uns buchstäblich überall vor die Nase gehängt, sind in den Medien, der Werbung, in Filmen omnipräsent. Karriere, Schönheit, das sexy Liebespaar, die hübsche Familie, die geschmackvolle Wohnung, das PS-starke Auto, stilsichere Kleidung: Unser gesamter Alltag wird detailliert erfasst. Die offiziellen Bilder eines perfekten Lebens, einer perfekten Liebe werden zum Maß unserer Wunsch- und Vorstellungswelt, bis in ihre letzten Winkel und intimsten Bereiche hinein.

Gleichzeitig wird die Konkurrenz in unserer modernen Welt ständig härter: Einen tollen Partner, ein gutes Leben scheint man immer schwerer zu bekommen – und immer leichter zu verlieren. Unsere Sicherheitsstrukturen zerfallen, Beziehungen lösen sich noch schneller auf, als sie entstehen. Wir werden durch Jobsuche und Karriereplanung unserem gewohnten Umfeld und unserem Freundeskreis entrissen. Und über alldem liegt die wachsende Angst vor dem Alter, liegen die zunehmenden »Deadlines« für die verschiedenen Stufen im großen Glücksplan. Das Ende dieses »Stress-Parcours« ist nicht absehbar: Das Diktat der Jugendlichkeit weitet die geforderte Aktivität, Attraktivität und Selbstdisziplin ins Unendliche aus. Und das Glück scheint sich nur einzustellen, wenn man überall die volle Punktzahl erreicht. Jeder Makel muss mit noch mehr Leistung behoben werden, denn wer kein Leistungsträger ist, scheint das Leben zu verpassen, bleibt sträflich hinter seinen Möglichkeiten zurück: Er holt nicht das Optimum aus seiner Zeit heraus und wird niemals das Paradies auf Erden – das letzte seiner Art – erreichen. Wer nicht glücklich ist, hat es selbst zu verantworten; seine Bereitschaft, sein Bestes zu geben, war bisher eben nicht ausreichend: Selbst schuld!

Auf diese Art und Weise werden wir in unserer Sehnsucht nach einem erfüllten Leben und einer perfekten Liebe zu immer neuen Höchstleistungen getrieben. Besonders bei der Partnerwahl gilt es, seinen eigenen Marktwert maximal und vielseitig zu perfektionieren, denn die große Liebe ist mehr denn je zum sinnstiftenden Lebenselixier geworden, zur neuen Religion in einer gefühlsarmen, vernunftregierten, diesseitigen Welt. Wäre man nur noch schöner, so schön wie die Stars und die Models in den Magazinen (oder andersrum: so reich, so wichtig wie die Männer in den Wirtschaftszeitungen), dann bekäme man endlich seinen Traumpartner ...

Und findet man dann wider Erwarten einen, der den offiziellen und eigenen Ansprüchen genügt, entzieht sich dieser fatalerweise einer festen Bindung, hat Angst vor Nähe, lässt sich nicht richtig auf die Liebe ein, schaut selbst, ob er vielleicht noch »was Besseres« finden kann. Oder die ganze Sache wird zum *Projekt*: Der Partner müsste sich nur in einigen Punkten ändern, sportlicher, schlanker, romantischer und einfühlsamer werden, seine psychischen und physischen Macken optimieren und – vor allem – mehr Nähe zulassen. Aber wenn man nur genug in die Beziehung *investiert*, den anderen auf seine Fehler hinweist, selbst noch mehr den offiziellen Vorstellungen der Perfektion entspricht und beide auch in der Liebe wirklich leistungsbereit werden, dann erfüllt sich der Traum, dann wird man endlich die großen Gefühle leben können, dann wird am Ende alles gut!

Der wachsende, permanente Druck betrifft Frauen und Männer gleichermaßen. Doch für Frauen ist die »sexy Supermutter-Karrierefrau« erst seit den neunziger Jahren alleiniges Leitbild: Mauerblümchen und Heimchen am Herd werden heute weder von der Gesellschaft noch vom Feminismus akzeptiert.

In diesen Kämpfen um ein erfülltes Leben und bei der anstrengenden Suche nach der großen Liebe haben es Frauen durch ihre zeitlich begrenzte Zeugungsfähigkeit und die neue Doppelbelastung mit Karriere und Familie besonders schwer. Von der Emanzipation unbeeindruckt tickt die biologische Uhr, und hat man wider Erwarten den Vater seiner Kinder gefunden, bedeutet auch das noch lange kein Happy End. Denn obwohl Frauen heute ohne und mit Familie ihr eigenes Geld verdienen können, haben sich die Anforderungen im Haushalt und bei der Kindererziehung nicht annähernd ausgewogen auf die Geschlechter umverteilt. So scheint selbst das Leben erfolgreicher Karriere-Mütter nicht unbedingt erfüllt, sondern nur überfüllt. Dazu erhöhen sich die Ansprüche an ihre körperliche Attraktivität zunehmend. Denn Männer können mittlerweile, ganz unkompliziert und ohne jede Ächtung, Frau und Kinder verlassen (sofern sie sich überhaupt darauf eingelassen haben) und dank ihrer weit weniger eingeschränkten Zeugungsfähigkeit und einem damit einhergehenden, nach hinten verschobenen Altersempfinden jederzeit einen jugendlichen Neustart hinlegen.

Daher fühlen sich viele Frauen heute genauso ohnmächtig den harten Regeln der kapitalistischen Glitzerwelt ausgeliefert wie die Figuren aus den Jane-Austen-Romanen einstmals ihren strengen Gesellschaftskonventionen. Doch machen sich moderne Frauen für ihr Scheitern auf dem Weg zu Liebe, Familie und Glück meist selbst verantwortlich – und nicht die subtilen Maßregelungen unserer angeblich so freiheitlichen, gleichberechtigten Werteordnung.

Unsere große Sehnsucht nach Anerkennung und Liebe unterwirft uns mittlerweile von klein auf einem universalen Leistungsprinzip: Kaum ein Kind, weder Junge noch Mädchen, wird noch einfach so (wie es ist) bestätigt und angenommen, als eigenständige, besondere Person geliebt. Schon früh sorgen sich die Eltern um seine Zukunft, seine Attraktivität, sein »Bestehenkönnen« im globalen Diktat des Kapitalismus. Außerdem wird der Wert der Eltern selbst von der Entwicklung und dem Erfolg des Kindes abhängig gemacht. So trimmt man uns schon im Mutterbauch zur bestmöglichen Intelligenz- und Körperentwicklung. Das Wunschbild der Eltern von ihrem Nachwuchs ist von kommerziellen Werten durchsetzt. Lerndruck und Zusatzkurse gibt es ab dem Kindergarten; das Kind bekommt nur Lob und Aufmerksamkeit für seine Durchsetzungsfähigkeit, seine Siege. Es scheint nie zu reichen, gut genug zu sein. Statt mit Zuwendung und liebevollem Gefühl wird es mit materiellen Geschenken belohnt und gelockt. Denn den Eltern fehlen zunehmend Geduld und Zeit, die sie stattdessen zum Geldverdienen und für die Karriereanforderungen verwenden. In den Familien ist kein Platz mehr für das liebevolle Gefühl des »einfachen Zusammenseins«. So wird Liebe in unserer Gesellschaft von Anfang an oft falsch »gelernt«.

Dazu kommen die Belastungen durch immer größere emotionale Enttäuschungen seit der frühsten Kindheit: Eltern trennen sich, Väter und Mütter haben durch ihren eigenen Leistungsdruck, ihren Kampf um ein erfülltes Leben, immer weniger Ruhe für kindliche Ansprüche. Oft sollen sogar ihre Erwartungen an das Leben durch das Kind verwirklicht werden. Oder es wird zu einem Störfaktor im elterlichen Karriereplan.

Der kindlichen Ohnmacht und dem wachsenden Frust setzen Kinder dann das entgegen, von dem sie gelernt haben, dass dadurch alles besser würde: Leistung. Sie versuchen, sich liebenswerter zu machen, damit sie die Angst, verlassen und enttäuscht zu werden, ertragen können. Sie lernen zu funktionieren, sich zu beherrschen; sie lernen zu kämpfen und zurückzustecken, schöner, besser zu werden. Nur zu lieben und geliebt zu werden – einfach so –, das lernen sie nicht.

Doch die Sehnsucht nach dieser Liebe, nach einer Bestätigung und Aufmerksamkeit für die eigene Person, bleibt in unserem Streben und Kämpfen immer bestehen. Denn für unsere Psyche ist diese Hoffnung auf die große Liebe, die vollständige Anerkennung, das unvoreingenommene Angenommen-Werden ein grundsätzliches Bedürfnis.

Für Männer ist es in unserer bürgerlichen, kapitalistischen Tradition schon immer selbstverständlich gewesen, erfolgreich sein zu müssen. Sie versuchen, sich über Leistung begehrenswert zu machen und so das »Feld der eigenen Wahlfreiheit« bei der Partnersuche zu vergrößern. Für sie gab und gibt es keinen Rettungsschirm in Form einer reichen, starken Versorgerin, keine leistungsstarke Partnerin, die sich um alles kümmert, den Mann beschützt und ihn mit ihrem Status erhebt. Ist für die Männer auch die Unsicherheit in den letzten Jahren gewachsen, da sie durch die wirtschaftliche Unabhängigkeit der Frauen ein Stück Kontrolle verloren haben, so überwiegt letztlich doch ihr Profit durch die gleichzeitige Entbindung von ihrer Verantwortung: In puncto Familiengründung sind Frauen immer noch biologisch, finanziell und organisatorisch abhängig von den Männern – besonders bei mehreren Kindern und dem heutigen Anspruch an ihre Erziehung, dem steigenden Zusatzaufkommen für ihre Bildung und die eigene Rente.

Dagegen können sich moderne Männer Zeit lassen. Denn es muss ja schon die »perfekte Frau« sein, wenn sie erwartet, dass er sich wirklich bindet, alle anderen Optionen und sexuellen Abenteuer und seine finanzielle Freiheit aufgibt, für sie und die gemeinsamen Kinder. Auch Männer suchen eine Mrs. RIGHT, die wunderschöne, sexuell befriedigende Ausnahmefrau, immer schlank und smart an seiner Seite, die ihn bewundert und seinen Erfolg in dieser Welt bestätigt. Sie soll alle Schwächen verzeihen, den Mann annehmen, wie er ist, und ihn im größer werdenden Erfolgsdruck emotional auffangen. Sie soll seine Kinder großziehen und den Müll ohne Murren selbst raustragen. Auch Mrs. RIGHT soll endlich das vollkommene Glück bringen. Aber warum sollte Mann bei dieser heiklen, lebensentscheidenden Suche nicht noch ein paar abwechslungsreiche Extrarunden drehen, nicht schauen, ob es doch noch »etwas Besseres« gibt für ihn? Schließlich dringt kein Ticken einer biologischen Uhr an sein inneres Ohr, und ein ungebundener Mann mit viel Erfahrung und Erfolg wird ja immer attraktiver ...

Doch neben der Frage nach den Qualitäten von Mr. und Mrs. RIGHT stellt sich auch die Frage nach den inneren Widerständen. Warum klappt so oft nicht, was als große Liebe begann? Warum schaffen viele Paare nicht, was doch beide so sehr wollen: das tiefe, verbindende, dauerhafte Gefühl, das »Miteinander« (statt Gegeneinander), das Sich-Einlassen, ohne ständige Zweifel? Warum weicht die Realität so oft und immer weiter ab von dem perfekten Liebestraum, obwohl sich beide Seiten doch so sehr anstrengen, dass er wahr wird?

Es ist das Anliegen dieses Buches, zu erklären, welche persönlichen und gesellschaftlichen Feinde das ersehnte Glück verhindern, das sich am Ende immer in den Liebesgeschichten der Bestseller und Blockbuster einstellt, aber leider nicht in unserem Leben. Dazu wurden zahlreiche aktuelle Studien ausgewertet und viele potenzielle Mr. und Mrs. RIGHTs befragt: Menschen, die mit ihrem Lebensstandard und ihrer Attraktivität in Städten wie New York (der Wiege unserer modernen Dating-Kultur), München, Zürich, Berlin, Boston, Frankfurt oder Monte Carlo in das gängige Bild gesuchter Traumpartner und Leistungsträger unserer westlichen Kultur passen. Drüber hinaus enthält dieses Buch einige Überlegungen zu den aktuellen Bestsellern unserer modernen Liebeskultur. Sie haben seit der Serie *Sex and the City* unsere globale Vorstellung von Mr. RIGHT und der großen Liebe nachhaltig geprägt und uniformiert und feiern im Megaerfolg *Shades of Grey* gerade einen weiteren Höhepunkt.

Um die Antwort vorwegzunehmen: Die große Liebe ist keine *Leistungsentlohnung* und auch kein *Wettbewerbspreis* – sondern das Gefühl, das sich zwischen zwei psychisch gereiften, selbstbewussten Menschen dauerhaft einstellt, wenn sie *nichts dagegen tun*.

Diese wahre, tiefe Liebe kann man nicht erkämpfen. Denn gerade das Leistungsprinzip und die ihm zugrundeliegenden Selbstzweifel, die Selbstverleugnung und die übergroße Sehnsucht nach der symbiotischen, alles-endlich-gut-machenden Verschmelzung sind ihre größten Gegner. Den »perfekten Partner« zu finden und mit eigener Perfektion zu binden, ist nicht möglich – und wird doch (heimlich) so ersehnt.

Sicher muss man eine Liebe auch pflegen (sofern man sie gefunden hat), doch das hat wenig mit Perfektion und Leistung zu tun, sondern mit den sogenannten Soft Skills, die aus liebevollem Miteinander, Zuhören, Verständnis und Anerkennung bestehen. Deren Umsetzung gelingt im harten Leistungskampf der Wirtschaft und im überfrachteten eigenen Alltag immer seltener.

Jedoch dient es unserem Wirtschaftssystem, die Hoffnung auf diese »perfekte Liebe« am Leben zu halten, sie ein ums andere Mal als großes Versprechen in traumhaften Bildern zu inszenieren, die Sehnsucht anzufeuern und somit den herrschenden Leistungsdruck immer weiter zu erhöhen: Der kapitale Mr. RIGHT ist eine Erfindung des Kapitalismus, um die Unzufriedenheit, die dieses System selbst geschaffen hat, noch besser vermarkten zu können. Die wachsende Sehnsucht nach dem perfekten, immer schönen, rundum versorgenden Partner, die ihren Ursprung in einer zunehmend stressigen, lieblosen Kindheit und in unserer auf Wachstum getrimmten, hektischen Konsumwelt hat, verhindert von vornherein die Liebe als einfach gelebtes Gefühl zwischen zwei Menschen.

Wie können aber moderne Menschen und insbesondere selbstständige, emanzipierte Frauen trotzdem das Glück finden, nach dem sie sich millionenfach sehnen? Wie könnte der Traum von der wahren, tiefen, großen Liebe vielleicht doch noch Realität werden – nur eben durch etwas völlig anderes als Leistung und Perfektion?

Darauf versucht dieses Buch eine Antwort zu geben.

# Kapitel 1:
# Das Geschäft mit der Liebe.
## Oder: Warum Nähe so schwer zu kaufen ist

## 1. Die getunte Frau

»*Ich suche meinen Märchenprinzen. Eigentlich warte ich auf ihn, seit ich damals die Disneyverfilmung von* Die Schöne und das Biest *im Kino gesehen habe. Da war ich vierzehn. Biester sind mir seither schon einige begegnet, aber keiner hat sich durch meine Liebe in einen Prinzen verwandelt. Dabei hab ich mir ziemlich Mühe geben, wie das Mädchen ›Belle‹ in dem Film viele Bücher gelesen und bin weder doof noch hässlich. Aber in der realen Welt haben die Schönen leider keine Zauberkraft über die Biester ...*«

(Antwort auf die im Persönlichkeitsprofil einer Internetpartneragentur vorgegebene Sparte: *Das sollte mein Partner über mich wissen ...,* Irina, Ärztin, München)

Es ist erwiesen: Mädchen können schon in der Schule bei den schwierigen Aufgaben länger durchhalten als Jungs, ruhiger sitzen, sich besser konzentrieren und ihre Belohnungserwartungen weiter aufschieben.[1] Sie machen häufiger Abitur und die besseren Uniabschlüsse. In Branchen wie der Pharmaindustrie oder der Medizin haben sie die Anzahl der männlichen Facharbeiter bereits überholt.

Moderne Frauen sind es von klein auf gewohnt, das Maximum aus sich herauszuholen. Sie versuchen, sich im Sinne des eigenen Erfolges selbst zu optimieren, alles zu geben, um zu beweisen, dass

---

[1.] Schell-Jugendstudie u.a.

sie es mindestens so gut können, wie die Männer – und um das große Glücksversprechen einzulösen, das ihnen Feminismus und Kapitalismus gemacht haben.

Und mit diesem Verhalten scheinen die modernen Erfolgsfrauen auch bestens an die Bedingungen der heutigen Gesellschaft angepasst zu sein: Große Selbstkontrolle und hohe Selbstkritik bei geringer Lohnerwartung lassen sich firmenpolitisch gewinnträchtiger verwerten, als männliches Konkurrenzgehabe.

Man erwartet von Mädchen, dass sie sich umgänglicher, sozialkompetenter, liebenswerter verhalten, schon im Kindergarten. Wilde Mädchen werden weniger toleriert als wilde Jungs. Ihr Selbstwertgefühl wird früh an ein reibungsloses Sozialverhalten und gute Zensuren gebunden, an die Fähigkeit, eigene Bedürfnisse zu unterdrücken, auf Lob und Anerkennung zu warten. Fleiß und Bravsein sind ihre bevorzugten Strategien, um Anerkennung und Liebe zu gewinnen. Daran haben fünfzig Jahre Emanzipation nichts verändert. Im Gegenteil: Gerade der Feminismus hat die Leistungsfähigkeit von Frauen unter dem wohlgemeinten Vorwand, sie dadurch zu befreien und ihre Gleichwertigkeit zu beweisen, in ungeahnte Höhen getrieben. Und die Frauenbewegung fördert sie weiter in diesem Verhaltensmuster: Frau kann alles schaffen!

Die moderne Wirtschaft hat zwar all die Berufe hervorgebracht, in denen Frauen heute ihr eigenes Geld verdienen, hat sie befreit vom Nachteil ihrer körperlichen Unterlegenheit und die Waschmaschine erfunden. Doch die Globalisierung setzt Frauen zugleich einem immer härter werdenden Druck aus – durch den harten Konkurrenzkampf um gute Arbeitsstellen, abnehmende Sozialleistungen, gefährdete Renten und unzureichende Kinderbetreuung. »Man kann auf die Hälfte der Arbeitskräfte in einer modernen kapitalistischen Gesellschaft nicht verzichten«, heißt es heute von Seiten der Wirtschaft. Neben der größeren Teamfähigkeit und dem bescheideneren Auftreten bei Gehalts- und Aufstiegsforderungen führt vor allem der zunehmende Fachkräftemangel zur plötzlichen Anerkennung weiblicher Fähigkeiten. Diese Arbeitskräfte müssen aber bitte auch weiterhin Kinder gebären und zu anpassungsfähigen Leistungsträgern erziehen. Dabei sollen sie ewig jung und sexy bleiben, für die Firmenkunden und auch für den Mann zu Hause – damit sich beide nicht nach einer Jüngeren, Leistungsstärkeren umschauen.

Denn die von jeher an Frauen gestellten Ansprüche an ihr Äußeres haben sich in den letzten dreißig Jahren drastisch erhöht. Die ökonomische Leistungsethik hat sich längst auf die Körper übertragen: Schlanksein und Jugendlichkeit verbindet man mit Disziplin, Selbstbeherrschung und Leistungsbereitschaft. Schönheit ist heute etwas, dass man sich *erarbeiten* kann – insbesondere als Grundlage für den Erfolg (besonders in der Liebe). Nicht mehr »Hässlichkeit«, sondern schon »nur normal aussehen« gilt mittlerweile als Makel. Und dieses neue Maß der körperlichen Perfektion lässt sich durch den großen Druck der allgegenwärtigen Medienbilder hervorragend vermarkten. Die so geschürten Selbstzweifel des schönen Geschlechts lassen sich gezielt in Kauflaune transformieren. (Mittlerweile helfen sogar Handy-Apps beim inneren Zweikampf zwischen propagierter körperlicher Perfektion und den nebenan angeheizten, »sündigen« Bedürfnissen.) So macht sich das weibliche Geschlecht wieder einmal zum Gehilfen seiner eigenen Unfreiheit.

Obgleich Frauen heute weit weniger bindenden Gesellschaftsregeln unterworfen sind als jemals zuvor, hat sich ihr Selbstverwirklichungsanspruch in einen überfordernden *Leistungsanspruch* gesteigert. Denn trotz ihrer nachweislichen Leistungsstärke haben die meisten Frauen nicht den Eindruck, dass dies ausreichend gewürdigt werde – und das nagt an der Selbstzufriedenheit. Viele Bedürfnisse und Sehnsüchte, besonders ihr Wunsch nach einer festen Beziehung und tiefer, tragender Liebe, bleiben auf der Strecke. Die Gleichberechtigungsbewegung hat übersehen, dass die (finanzielle) Befreiung der Frau, die der Kapitalismus erst ermöglichte, sich schon seit einiger Zeit gegen sie wendet: Nachdem sie zumindest die äußeren Wände der Ungleichheit eingerissen haben, taugen verbissene Kampfparolen nicht mehr für die Erlösung. Über allen Fleiß hinaus wird die Luft immer dünner, im Büro und bei der Partnersuche.

Trotzdem versuchen viele Frauen weiterhin, über ihren Erfolg im kapitalistischen Werte- und Wirtschaftssystem, über die Perfektion ihrer Attraktivität (auf allen Gebieten) ihren Lebenssinn zu finden – als gäbe es nun mal keinen anderen Weg zum Glück. Sie verharren mit dem Prinzip Hoffnung in einer neuartigen Opferrolle, als bekäme man am Ende irgendwo den »großen Hauptgewinn« für all die Anstrengungen.

Der Feminismus wird heute von jungen Frauen – nicht zu Unrecht – nur noch mit Kampf, Härte und Geschlechterwettbewerb assoziiert und mit rigiden Vorschriften, wie man als Frau zu sein hat: stark, erfolgreich, leistungsbereit gegenüber sich selbst und dem eigenen Umfeld. Viele Frauen wenden sich deshalb von dieser Art der Emanzipation ab. Sie sehen Männer nicht mehr als Gegner, denn gerade die Liebe ist für sie zum großen kompensierenden Traum geworden (die perfekte Liebe mit einem ritterlichen Helden unserer Konsumwelt, der endlich das Glück bringen soll, das der Feminismus versprochen und nicht gehalten hat). Diese große Liebe soll all die Mühen entlohnen, die Frau auf sich genommen hat, um erfolgreich zu sein. Sie soll dem Leben den Sinn geben, der im Berufsalltag, in den Verteilungskämpfen und Hierarchieschlachten der Büros trotz aller Bedürfnisverschiebung selten zu finden ist.

So wird die Sehnsucht nach emotionaler, materieller und sinnstiftender Versorgung durch einen perfekten Partner immer größer: Das Leben soll einem doch endlich all diese Mühen vergelten, das Glück soll sich doch endlich erfüllen, wie man es diesen »fleißigen Mädchen« immer versprochen hat. Denn gerade die

18

Hoffnung auf die Belohnung der eigenen Leistung hat die Frauen in ihren Karrieren bisher vorangetrieben. Nur wird dieser grundlegende Wunsch in der Arbeitswelt viel zu selten erfüllt. Lob und Wertschätzung sind dort, bei aller Qualität, ein rares Gut. Und so drängen sich schnell die traditionellen Sehnsuchtsbilder wieder in den Vordergrund – aufgehübscht durch die allgegenwärtigen Werbebilder. Ein kapitaler Mann soll her, der endlich die ersehnte Bestätigung bringt, der verwöhnt, begehrt und glücklich macht, Sicherheit und Geborgenheit schenkt als Kompensation für aufreibende Konkurrenzkämpfe. Es ist die Sehnsucht nach einem Partner, der das verunsicherte Selbstwertgefühl mit Liebe und Zuwendung nährt, der den stets geforderten Leistungsanspruch endlich entlohnt und das große Glück realisiert. Prinzipiell folgen der Traum von Mr. RIGHT und die eigene Karriereplanung also demselben Prinzip Hoffnung.

Der heutige Feind der Frauen ist somit nicht mehr der Mann, sondern die kapitalistische Gesellschaftsordnung, die beide Geschlechter bis an den Rand ihrer Leistungsfähigkeit getrieben hat, ihre Ansprüche und Erwartungshaltungen vor sich hertreibt und dabei menschliche, soziale Bedürfnisse hinten anstellt. Doch häufig haben wir diesen Feind als solchen noch gar nicht erkannt und rennen ihm bei unserer neuen alten Suche nach dem Glück geradewegs in die Arme.

*»Erfolgreiche Männer werden mit vielen Frauen assoziiert, als hätten sie eine Art Jagdprivileg. Die Öffentlichkeit tut dabei so, als wäre der Mann das Arschloch: Jäger, Betrüger. Dabei gehen Frauen einfach nur subtiler vor. Die sind keine Opfer, die machen das Spiel ja mit. Es gibt so ein Groupie-Verhalten bei Frauen: ›Wow, ich gehe mit einem tollen Typen ins Bett.‹ Viele Frauen definieren sich über den Erfolg der Männer, mit denen sie was haben. Das ist genauso ein ›Trophäen-Denken‹ wie umgekehrt.*

*Für uns Männer gibt es eben Frauen, die eignen sich für die bloße Jagd: kleine, falsche, bigotte Mädchen, die so tun, als ob … Da heißt es: erlegen, an die Wand hängen, verstauben lassen. Und andere, von denen will Mann mehr. Da passt das Wort ›Jagen‹ gar nicht mehr. Aber das ist selten.*

*Viele Frauen, die sich in den ›Jagd-Abschlepp-Modus‹ begeben, wollen dann aber doch was Festes. Das ist eine Selbsttäuschung: Was wundern sich solche ›High-Heels-tiefer-Ausschnitt-Mädels‹, wenn Männer sie nur für Sex haben wollen? Und wir sind dann die Täter! Jeder weiß doch: Wenn ein Mann nicht verliebt ist, wird das auch nicht plötzlich passieren. Ein bisschen Realismus täte da gut. Andersherum: Wenn es dir ernst ist, vermeidest du Spiele, bist viel ehrlicher.*

*Tja, und dann wollen viele Männer gern mit ihrem Geld Kontrolle über die Frau haben. Ihre größte Angst ist es, verlassen zu werden, wenn es ihnen selbst ernst ist.«*

(Rüdiger, Ex-Lehman-Brother Manager, Zürich)

Männer haben durch ihr traditionell starkes, selbstsicheres Idealbild, das die Gesellschaft ihnen vorgibt und anerzieht, den Vorteil, geübtere und härtere Verhandlungspartner zu sein – im Beruf und in der Liebe. Von jeher war ihnen immer beides möglich: Karriere und Familie. Und in unserer modernen Werteordnung können sie sich dafür nun auch noch nach- statt nebeneinander ihre Zeit nehmen. So sind sie die eigentlichen Sieger der sexuellen Revolution und der gesellschaftlichen Veränderung der letzten fünfzig Jahre. Denn die sexuelle Befreiung der Frau hat den Männern die Möglichkeit verschafft, über viele sexuelle Abenteuer einen neuen männlichen Status zu etablieren: den sexuell erfolgreichen Mann.[2] Doch das geschieht häufig auf Kosten der Frauen, die neben dem Sex viel öfter

---

[2.] Siehe hierzu die hervorragende Gesellschaftsanalyse von Eva Illouz: »*Warum Liebe wehtut*«, 2012.

Gefühle und eine feste Bindung suchen, wofür die Männer nun keinerlei konventionell geforderte Verantwortung mehr übernehmen müssen. Nach der Erfindung moderner Verhütungsmittel und ohne eine geltende sexuelle Moral können sie sich aus dem großen Pool der bindungswilligen, »selbstoptimierten« Frauen immer wieder eine neue herausfischen. Daneben wächst ihr eigener wirtschaftlicher Erfolg stetig weiter und die uneingeschränkte Selbstverwirklichung, als höchster Wert der kapitalistischen Konsumgesellschaft, kann ungehindert gelebt und genossen werden.

Letztendlich hoffen natürlich auch Männer auf die große Liebe, die all diesem »Aufwand« einen Sinn geben soll. Diese Männer-Sehnsucht wird aber selten öffentlich gemacht. Schließlich fallen einem »echten Mann«, einem »Siegertypen« ja die tollen Frauen reihenweise um den Hals ...

Tatsächlich liegt die »Schuld« an der modernen »Geschlechterfeindschaft« nicht allein bei den Männern. Eine aktuelle deutsche Studie[3] mit 190 beteiligten Wissenschaftlern und 100.000 befragten Männern und Frauen versucht gerade, die entscheidenden Fragen zum Thema »gelungenes« Leben, Bildung und Bindung zu klären. Bisheriges Ergebnis: In der Ausbildung und in den ersten Berufsjahren haben Frauen seit den sechziger Jahren rasant aufgeholt und liegen mit den Männern mindestens gleichauf. Doch bei der Partnerwahl und in der Partnerschaft greifen nach wie vor ultra-normative, traditionelle Muster. Während Single-Männer aus der Unter- und unteren Mittelschicht mittlerweile sogar bereit sind, auch Frauen mit höherem Bildungs- und Karriereniveau zu akzeptieren (ohne dass sie deswegen ihr sonstiges traditionelles Männerverhalten aufgeben würden), suchen Frauen immer noch den gleichwertigen oder überlegenen Partner. Deshalb bleiben weiterhin Akademikerfrauen und weniger gebildete Männer auf dem Singlemarkt die Suchenden.

[3.] NEPS-Studie, Bamberg.

Nach der Familiengründung mit dem »gebildeten Wunschpartner« nehmen diese hochqualifizierten Akademikerinnen dann aber massive Karriereeinbußen hin und übernehmen plötzlich sogar vollständig die Hausarbeit, die vor der Kindergeburt oft gleich verteilt war. Das erste Kind »traditionalisiert« die Frauen, aber nicht weil die Männer das von ihnen verlangen. Im Gegenteil: Die Frauen reißen die Kinderbetreuung, die Macht im Haushalt förmlich an sich. Der Mann wird zum »Schüler« degradiert, der zwar irgendwie mithelfen soll, aber gleichzeitig alles falsch macht – eine Rolle, von der sich Männer ganz schnell zurückziehen in eine verharrende Unzufriedenheit, die man ihnen nicht mal übel nehmen kann. Dieses »Kamikazeverhalten« der Frauen resultiert zum Teil aus den überhöhten Ansprüchen, die unsere Gesellschaft an eine gute Mutter stellt und die Frauen in der ohnehin schwierigen neuen Situation nach der Geburt des ersten Kindes überfordern. Und so tragisch und banal das klingt: Auch um den Partner, der nach der Geburt erst mal völlig an den Rand des weiblich dominierten Mutter-Kind-Szenarios gerät, nicht noch mehr zu »entmannen«, übernimmt sie die Hausarbeit als »typische Frauenarbeit«. Schließlich will sie ja weiterhin mit einem Mann zusammen sein, nicht mit einem Weichei.

Die Aufgabenverteilung bei der Familiengründung wurde vorher selten besprochen, und so setzen sich schnell alte, immer noch dominante Rollenbilder wieder durch, wenn ihnen nichts bewusst entgegengestellt wird. Viele Paare glauben, die gegenseitige Liebe und die gemeinsame Liebe zum Kind werde das schon regeln. Dabei unterschätzen sie die Umstellung, die ein Baby gerade für zwei selbstständige, unabhängige Menschen mit sich bringt. Viele große Lieben, die die Hürde der festen Bindung noch genommen haben, zerbrechen deshalb letztlich an Kindern und Haushalt.

Auch wenn die Frauen nach der Babypause wieder arbeiten, lasten Familie und Hausarbeit weiterhin hauptsächlich auf ihren Schultern. Somit unterscheidet sich die Karriere-Mutter in ihrer

Einstellung zum Haushalt nicht von der Frau eines Alleinernährers, die ihren Beruf für die Kinder aufgibt oder nur noch in Teilzeit arbeitet. Und das wird von unserem deutschen Steuersystem – europaweit einzigartig veraltet – maßgeblich unterstützt. In Deutschland wird dadurch immer noch erzkonservative Familienpolitik betrieben und darüber hinaus am völlig falschen Vorurteil festgehalten, Frauen wären nur »gute Mütter«, wenn sie über Jahre bei ihren Kindern zu Hause blieben.

Doch genauso wie durch die lange deutsche Babypause ist auch durch die anhaltende Dreifachbelastung jede Karriere moderner emanzipierter Frauen meist schon nach dem ersten Kind völlig ausgebremst. Kinder und Job, das mag noch zusammen gehen – Kinder und Karriere schließen sich dagegen bei den heutigen Leistungsanforderungen fast immer aus.

Die Männer ihrerseits ändern, selbst wenn die Frauen nach der Babypause in Vollzeit weiterarbeiten, ebenfalls selten etwas an ihrer althergebrachten Einstellung. Zwar mag es mittlerweile Väter geben, die stolz »hochgetunte« Kinderwägen durch Parks schieben und sich hin und wieder mit großem Aufwand und viel Fachgerät am heimischen Herd betätigen. Deshalb wechseln sie aber noch lange keine Windeln oder Staubsaugerbeutel, und auch mit der Klobürste in der Hand erwischt man sie höchst selten.

Nicht einmal die Wirtschaft, die die Frauen aus Mangel an Alternativen mittlerweile doch eigentlich so gern schnell in den Beruf zurückbringen will, tut etwas dafür, um sie bei der Kinderbetreuung zu entlasten. Ein qualifizierter Facharbeiter soll schließlich möglichst viel für seine Firma leisten; Zeit für Familie oder gar Hausarbeit wirkt dagegen geradezu lächerlich. Ein Mann mit einem Bügeleisen in der Hand scheint auch für seinen Chef keiner mehr zu sein, mit dem Putzlappen wird er für seine Firma zum Waschlappen.

Doch einer muss sie ja machen, die lästige Heimpflege. Das Geld für eine professionelle Haushaltshilfe ist, trotz Doppelverdienst, nur selten da, und auch wenn die qualifizierte Facharbeite-rin genauso für ihren Arbeitgeber schuftet, wirkt der Haushalt in ihren Händen weit weniger lächerlich, als bei ihrem Mann. (Jam-mern darf sie deshalb aber noch lange nicht.)

Für Frauen gibt es daher anscheinend heute nur die Wahl: überlastete Ernährerin *und* Hausfrau – oder mit einem überlege-nen Karrierepartner, einem erfolgreichen Mr. RIGHT, zumindest der Doppelbelastung entgehen. So befreit eine moderne, berufs-tätige Mutter hauptsächlich ihren Mann von seiner finanziellen »Allein-Versorger-Verantwortung«, während sie selbst weiter-hin, trotz ihrer Erwerbsarbeit, traditionell Kinder und Haushalt erledigt. Es bleibt die Frage, warum Frauen sich das als »Selbst-verwirklichung« oder »Familienglück« *verkaufen* lassen. Warum hoffen sie immer noch, in ihrer eigenen Ehe würde es anders lau-fen? Warum fordern sie von Politik und Wirtschaft nicht mit mehr Nachdruck Flexibilität und Kinderfreundlichkeit ein?

Wie sich zeigt, hat es dem Feminismus wenig geholfen, den Männern ihre Vormachtstellung streitig zu machen, ohne gleich-zeitig neue Geschlechterbilder für die Männer zu entwickeln. Denn dass die Herren nun von der gesellschaftlichen Vorgabe des Familienernährers befreit sind, bringt sie nicht automatisch dazu, die weggefallene finanzielle Belastung durch »aktive Anwesen-heit« im Familienalltag auszugleichen.

Wenn Männer heute überhaupt noch nach einer Familie streben, lassen sie sich oft Zeit und versuchen die bestmögliche Partnerin auf dem großen Markt der suchenden Singles dafür zu finden. Die *Kostennutzenrechnung* ihres Lebensplans soll nicht zu ihrem Nachteil ausfallen. Ein Leben voller sexueller und indi-vidueller Freiheit möchte zuerst ausgekostet, männlicher Status durch viele Eroberungen etabliert, die eigene Karriere vorange-trieben werden. Und eine biologische Uhr tickt ja nun mal nicht im Männerkopf. Warum also nicht die Entscheidung zugunsten von Selbstbestätigung und Erfolg hinauszögern, solange es geht?

Biologische Zeugungsfähigkeit und psychische Reife kann man eben nicht mit dem Ruf nach Gerechtigkeit bezwingen. Sie bleiben als *»tiefgreifende Ungleichheit im Herzen der Geschlechterverhältnisse«*[4] bestehen. So hat sich trotz Bildung, finanzieller Unabhängigkeit, Wahlrecht und sexueller Selbstbestimmung die Freiheit von Frauen mit Kinderwunsch eher halbiert als erweitert. Wer möchte ihnen da den Traum von einem »potenten Retter« noch verübeln, der sich heute in den so populären Frauenromanen, Liebeskomödien und Fernsehserien wiederfindet?

Und überhaupt: Bevor man sich zwischen Kindern und Karriere aufreiben kann, muss man ihn ja erst mal finden, diesen Mr. RIGHT, der einem so vielfach vor die Nase gehalten wird. Doch wo verstecken sich solche Männer, die im Familien-Van noch sexy aussehen und immer nett mit ihren Kinder spielen? Wie findet Frau dieses (Werbe-)Bild von einem Mann, der die große Hoffnung auf sich zieht, dass doch noch alles gut wird mit dem modernen Leben selbständiger Frauen?

## 2. Liebe in Zeiten des Kapitalismus.
## Oder: Die Ökonomisierung unserer Gefühle

*»Ich betreibe meine Suche mit System. Zuerst habe ich bei einem Profi-Fotografen Fotos von mir machen lassen und mich dann damit bei den zwei größten seriösen Partnervermittlungen im Internet angemeldet. All die Frauen, die ich treffe, trage ich in eine Excel-Tabelle ein. Die wird dann nach der Wichtigkeit der Parameter sortiert: Aussehen (also Figur, Gesicht, Größe, Haarfarbe), Job, Kinderwunsch, Nichtraucher, Sport, Sex, Sternzeichen, usw. So behalte ich den Überblick. Ab und zu gibt es dann Tabula Rasa nach K.O.-System. Und*

---

[4.] Eva Illouz: *»Warum Liebe weh tut«*, 2012.

*wenn eine schon von Anfang an zu hohe Ansprüche stellt, also mich zu oft sehen will, Geschenke fordert oder ständig zum Essen eingeladen werden will, gibt das natürlich Minuspunkte bei mir in der Tabelle. Am Ende hoffe ich dann, die Beste für mich gefunden zu haben.*«

(Günther, Privatier, München)

Die zwei großen Probleme, die Frauen heute mit der großen Liebe haben, sind:

1. Mr. RIGHT zu finden,
2. Mr. RIGHT zu behalten.

Die zwei tiefer liegenden Probleme, die moderne Menschen mit der großen Liebe haben, sind:

1. unsere mangelnde Erfahrung mit gesunder Liebe,
2. unsere infantilen Ansprüche.

Die wachsende Sehnsucht nach dem perfekten Mann hat ihren Ursprung also zu einem nicht geringen Teil in unserer kapitalistischen, auf Wachstum getrimmten Welt. Doch der kapitale Mr. RIGHT ist gleichzeitig eine Erfindung des Kapitalismus, um die Unzufriedenheit, die er selbst geschaffen hat, noch besser vermarkten zu können. Es dient unserem Wirtschaftssystem, die Hoffnung auf die perfekte Liebe am Leben zu halten, die immer weiter wächst mit dem steigenden Leistungsdruck und diesen immer mehr erhöht, auch und gerade durch die Hoffnung auf die perfekte Liebe.

Am Anfang betreiben beide Seiten eine Menge Aufwand, um den bestmöglichen Partner anzulocken, sich optisch zu perfektionieren, erfolgreich zu sein und den eigenen *Marktwert* zu steigern. Wir bekommen durch die Medien genaue, uniforme Vorstellungen davon, wie wir selbst aussehen sollten und wie unser Traumpartner aussehen könnte, wer wir gern wären oder was wir haben möchten.

Mr. RIGHT ist der Hauptgewinn für Frauen in unserer westlichen Kultur, der emotionale und materielle »Totalversorger«. Er ist der scheinbare Garant für das perfekte Glück, das in unserer Gesellschaft auf den Säulen von Attraktivität und Erfolg ruht, die Erfüllung aller Versprechen der schönen, heilen, globalen Kapitalismuswelt.

Mr. RIGHT hat aber neben seinem materiellen Wohlstand und seiner körperlichen Perfektion noch ein paar andere Eigenschaften, die in all den Idealbildern, den romantischen Filmen und Bestsellern nahezu identisch sind: Er hat tadellose Manieren, wie man sie nur aus früheren Jahrhunderten kennt. (Damals waren Männer, die etwas auf ihren Gesellschaftsstand hielten, noch verpflichtet, sich gegenüber Frauen respektvoll, höflich umwerbend und verantwortungsvoll zu verhalten und gegebene Versprechen unbedingt zu erfüllen.) Auch achtet Mr. RIGHT stets auf die alltäglichen Bedürfnisse seiner Geliebten: Er holt sie ab, hält Türen auf, merkt sich ihre Vorlieben, beschützt sie in bedrohlichen Situationen, macht ihr Geschenke (viele, teure Geschenke). Dabei kleidet er sich stilvoll, verfügt über eine höchst geschmackvolle Einrichtung seiner Luxusbehausung, fährt tolle Autos. Außerdem ist er weltgewandt und gebildet, vielseitig interessiert – was sich am häufigsten in seiner Vorliebe für Musik und hier wiederum im eigenen Klavierspiel ausdrückt. (Frauen finden klavierspielende Männer so toll, weil das Klavierspielen das ultimative Symbol für Feinfühligkeit ist, für die sinnliche, tiefsinnige Seite im Mann. Über sie hoffen Frauen einen Zugang zum Männerherz zu finden und seelische Verwandtschaft. Außerdem steht das Klavierspielen für Talent, Intelligenz, Bildung und viel Gefühl. Es ist die perfekte Ergänzung seiner anderen sehr männlichen Attribute.) Mr. RIGHT ist also souverän und sensibel zugleich. Und er ist natürlich der perfekte, fantasievolle, einfühlsame Liebhaber – sogar dann noch, wenn er seine Angebetete neuerdings in S/M-Rollenspielen in Ketten legt.

27

Die Emanzipation der Frauen reicht mittlerweile so weit, dass sie mit ihren Ansprüchen an das Äußere der Männer mit diesen gleichziehen. Umgekehrt können die Männer inzwischen auf dem Gebiet der eigenen Körperoptimierung mit den Frauen mithalten. Für unsere allgemeine leibliche Perfektion ist uns heute jedes Mittel recht – und keins davon ist billig.

Trotzdem können wir unsere Körper nur bedingt verändern. Hier stößt der Anspruch der »Machbarkeit« der Moderne in gleichem Maß an seine Grenzen, wie sich der Kapitalismus die daraus erwachsenden Selbstzweifel für seine gigantische Schönheitsindustrie zunutze macht.

*»Man kann aus Krähen Enten machen und aus Enten Schwäne. Aber kein Schönheitschirurg oder Fitnesstrainer der Welt schafft es, aus einer Krähe einen Schwan zu machen.«*[5] Dieser Satz gilt nun gleichermaßen für Männer, die mittlerweile die Hälfte (!) aller Patienten in der Schönheitschirurgie ausmachen. Und so spüren auch sie nun ihre Ohnmacht gegenüber den rigiden Maßstäben unseres modernen Körperkultes: Willkommen in der Gleichberechtigung – zu der in dieser Hinsicht die altbekannte Davidoff-Cool-Water-Parfümwerbung wahrscheinlich mehr beigetragen hat als Alice Schwarzer in zehn Jahren harten Engagements. Es war die erste Werbung, die in den achtziger Jahren metergroß einen perfekten, nackten Mann plakatierte, der sich bei Mondschein mit Waschbrettbauch in der Meeresbrandung räkelte.

Eine neue Studie aus Israel hat gerade bewiesen, dass die im Durchschnitt zu 85 % mit Frauen besetzten Personalabteilungen großer Firmen besonders gern attraktive, männliche Bewerber zu Gesprächen bitten – während die hübschen Bewerberinnen, aus Angst vor Konkurrenz, extra nicht eingeladen werden.[6] Frauen

---

[5.] Prof. Ingo Springer, Schönheitschirurg, Kiel.

[6.] B. Ruffle, Z. Shtudiner: *»Are Good-Looking People More Employable?«*, in: Social Science Research Network, 2011.

bevorzugen gutaussehende Männer, und ein optimiertes Äußeres wird heute für beide Geschlechter, auch im Beruf, selbstverständlich erwartet. So ist ein perfekter Körper bei Männern und Frauen zum universalen Element der allgemeinen Erfolgs- und Glücksfantasie geworden – und zum Grund allgemeiner Verunsicherung über den eigenen Wert.

Und was folgt nach dem Rausch der Eroberung eines schönen und »statusgerechten« Menschen – diesem leider so vergänglichen Kick für das eigene Selbstwertgefühl, dem kurzen, von Hormonen dominierten Moment, in dem wir uns am Ziel unserer Träume wähnen? Denn die Zeit und das Leben laufen ja weiter und die Konservierung dieses Augenblicks, in dem endlich mal alles so ist, wie es sein sollte, gelingt nur in Filmen unmittelbar vor dem Abspann.

Wenn wir den *Zuschlag* dann also bekommen haben, von jemandem, der *hoch genug im Kurs steht*, dem Mr. RIGHT / der Mrs. RIGHT unserer Vorstellung, können wir die Beziehung, von der wir die ganze Zeit geträumt haben, leider oft genug nicht leben. Plötzlich sind wir uns doch nicht so sicher, ob das der richtige Mensch ist für die eigene großangelegte Zukunft. Schon bald beginnen wir zu zweifeln, ob es nicht noch einen passenderen Partner gebe. Oder wir überlegen uns, an welchen Stellen der andere noch verbessert werden muss, um dem Idealbild zu entsprechen: Wie müsste er uns behandeln, sich benehmen oder aussehen, damit wir uns wirklich geliebt und bestätigt fühlen? Das Beste ist des Guten Feind. Nirgendwo zeigt sich die Übertragung des Kapitalismusgedanken auf unser Liebeskonzept deutlicher als in dieser Denkweise.

Man versucht, mit seinem *Einsatz* so viel wie möglich aus der Beziehung *herauszuholen*. Oder man betrügt den *Handelspartner* um die eigenen Emotionen. Als könnte man dieses gewonnene Gefühl – die eigene Selbstbestätigung durch den anderen – auf ein

Gefühlskonto transferieren und in schlechten Zeiten darauf zurückgreifen ...

Die große Klage, die enge Freunde und Paartherapeuten immer wieder und immer häufiger erreicht, ist die über die Unfähigkeit der Männer, den Frauen die notwendige Sicherheit und Bestätigung durch ihre offen gezeigte Liebe zu geben. Umgekehrt erheben die Männer Beschwerde, dass ihnen nicht genug Freiheit gelassen werde, sie sich überfordert und eingeengt fühlen durch die ständige Kritik und die Ansprüche der Partnerin. (Natürlich können diese Vorwürfe auch umgekehrt vorkommen, doch alle Studien und Therapie-Auswertungen verweisen auf einen höheren Anteil an Frauen, die festere Bindungen eingehen und bestätigt bekommen wollen oder mehr Nähe fordern.) In der Sprache der Therapeuten werden diese Bindungsprobleme auch unter dem Begriff »Nähe-Distanz-Konflikt« zusammengefasst.[7]

Der Traum von der großen Liebe scheint in der Realität immer wieder zu scheitern und endet irgendwann in einem typischen unüberwindbaren Teufelskreis: Die wachsende Sehnsucht nach Nähe des einen lässt die Beziehung für den anderen einengend und somit abschreckend erscheinen. Die übergroße Sehnsucht führt erst recht zu Distanz und dadurch zu noch mehr Nähe-Sehnsucht. Dies kann wechselseitig geschehen oder teilt sich auf – in eine permanente Suche nach Nähe des einen Partners und eine ständige Angst davor bei dem anderen. Trotz Attraktivität und Status, den man auf dem Partnermarkt für sich errungen hat, fühlt man sich dann in einem solchen grundlegenden Nähe-Distanz-Konflikt in der Partnerschaft schnell bevormundet oder nicht genug beachtet,

---

[7.] Nach der bisher umfangreichsten Studie zu den verschiedenen »Liebesstilen« von C. Harzan & P. Shaver (»*Romantic love conceptualized as an attachment process*«, in: Journal of Personality and Social Psychology, 1987) sind 25% aller Menschen »Nähemeider« und 19% »Nähesüchtige«. 56% haben ein funktionierendes Nähe-Distanz-Verhalten in ihren Partnerschaften. Demnach ist fast die Hälfte aller Menschen (44%) in unserer westlichen Kultur von Nähe-Distanz-Konflikten betroffen.

genervt, zurückgewiesen oder gekränkt. Die Liebe wird zäh und frustrierend.

*»Ich finde es schrecklich, dass die heutigen Frauen nicht mehr fragen, was sie denn auch mal für einen Mann tun können. Sie stellen nur Forderungen. Da gibt es von vornherein gar kein Miteinander mehr, sondern nur noch ein Gegeneinander: ›Wo brauche ich meine Freiheit? Wo passt du in mein Leben?‹ Und gleichzeitig werden noch dauernd Liebesbeweise eingefordert.«*
(Holger, Chefredakteur, Frankfurt)

Grenzenlose Freiheit von Konventionen und unbegrenzte Kontaktmöglichkeiten verhindern heute, dass wir uns mit Problemen in Sachen Liebe auseinandersetzen müssen. Es ist viel einfacher, eine neue Liebe zu suchen, auf einen besseren Partner zu hoffen oder sich anderweitig abzulenken. Wir sind es in unserer kapitalistischen Konsumwelt gewohnt, Dinge einfach auszutauschen, wenn sie nicht richtig funktionieren. Das Internet hat die Auswahlmöglichkeiten vervielfacht und die Kriterien der Wahl immer weiter verfeinert, die Listen der Erwartungen spezifiziert und gleichzeitig greifbar gemacht. Erwartungshaltungen und psychologisches Halbwissen gehen der Intuition und dem Gefühl voraus oder haben sie sogar ersetzt. Es geht nicht mehr nur darum, jemanden zu finden, der einem gefällt; es geht um *Nutzenmaximierung*, die Erfüllung *marktorientierter* Ansprüche, die das große Ziel vom perfekten Leben in der perfekten Liebesbeziehung ausmachen. Wir fragen uns nicht, welche Gefühle in einer glücklichen Partnerschaft von uns selbst gelebt, gefühlt, gezeigt, geschenkt werden sollten, sondern was wir uns mit unserem *Marktwert leisten*, mit unserem *Potenzial* erwarten können.

Gleichzeitig suchen wir immer häufiger starke, positive Gefühle in Dingen, die nichts mit dem durchrationalisierten Alltag zu tun haben, weil dieser nur noch frustriert oder langweilt. Wir suchen sie in Filmen, in Videospielen, in Extremsportarten, schauen anderen auf den Großleinwänden des Public Viewing beim Gewinnen zu. Wir haben (nebenher) Affären, die uns die Aufregung in der Liebe generieren und sich einfach über das Internet organisieren lassen. Dort können wir unsere Emotionen kontrollieren und ihren kurzen Rausch steuern. Doch all das stumpft schnell ab. Das alltägliche, reale Leben wird bald wieder langweilig – besonders im Vergleich zu den Traumbildern in den Medien.

Andererseits wird unser Bedürfnis nach tiefen, verbindenden Gefühlen immer größer, gerade weil die soziale Verbindlichkeit in Firmen und Familien in unserer »Hire and Fire«-Kultur immer schwächer wird. Versuchen wir diese Sehnsucht dann doch noch mal in einer Liebesbeziehung zu stillen, erscheint der Partner schnell als zu unperfekt und unfähig: Er scheint nicht *liefern* zu können, was wir erwarten. Sicherheit und Aufregung, die in den Liebesgeschichten der Medien so selbstverständlich nebeneinandergehen, sind in der Realität widersprüchlich. Das schafft immer neue unbefriedigte Bedürfnisse, die uns zum Weitersuchen auffordern und eine grundlegende Zufriedenheit verhindern.

Die heutige Arbeitswelt und unsere materialistisch dominierte Werteordnung widersprechen unserer menschlichen Natur. Unser Bedürfnis nach Bindung, gelebten tiefen Gefühlen, nach Ruhe, gegenseitiger Bestätigung, Zuwendung und Anerkennung kommt ständig zu kurz – zugunsten einer sehr einseitigen, karriereorientierten Selbstsuche. Selbstverwirklichung und Bindungsbedürfnisse, diese zwei großen, grundsätzlichen Komponenten unserer menschlichen Existenz, stehen sich in der modernen, kapitalistischen Kultur immer stärker gegenseitig im Weg, anstatt sich zu ergänzen und so zu einem zufriedenen Lebensgefühl zu führen. Alles gerät aus dem Gleichgewicht.

Das richtige Maß zu finden, verbietet aber unser Leistungssystem mit seinem ständig steigenden Arbeitsaufwand und dem Anspruch, so viel wie möglich aus diesem einen Leben *herauszuholen* – seien es außergewöhnliche Erlebnisse oder materieller Wohlstand. Das (jenseitige) Paradies ist abgeschafft: Es lebe das (weltliche) Paradies mit all seinen Verlockungen im Hier und Jetzt! Dabei verlieren wir jedoch unsere Ausgeglichenheit; Zeit und Raum mit Menschen, die uns wichtig sind, werden eine Seltenheit. Im Grunde gibt es in unserem Leben gar keinen Platz mehr für tiefe, liebevolle, rücksichtsvolle, selbstvergessene Gefühle, für die wir all die Anstrengungen auf uns nehmen, um uns für die Liebe bestmöglich zu empfehlen. Und die Kluft wird immer größer.

Besonders in den »guten« (gut bezahlten, machtrelevanten) Jobs werden voller Einsatz, Opferbereitschaft, Hingabe an die Firma erwartet – und das alles natürlich auch noch mit großer Begeisterung. Dabei sind es aber auch und gerade die anderen Menschen, mit denen wir in tiefer emotionaler Verbindung stehen, die unserem Leben einen Sinn geben. Unsere Sehnsucht nach Bindung muss mit dem Streben nach Selbstverwirklichung gleichberechtigt im Einklang sein, um uns Menschen glücklich zu machen.

Diese für uns wichtigen Beziehungen zu anderen, also die Hälfte von dem, was unser menschliches Dasein ausmacht, wird von unserem Wirtschaftssystem negiert, stetig geschwächt oder sogar unmöglich gemacht. Durch falsche, fordernde Leistungsideale, materielle Erfolgsbilanzen, eine statusorientierte Selbstverwirklichung und unsere stetig angeheizten Konsumwünsche geraten wir immer weiter ins Hintertreffen mit unseren emotionalen Bindungen. Die Grenzen zwischen Arbeit und Privatleben werden durch unsere eigenen Ansprüche und die der Arbeitgeber immer weiter aufgelöst: Wir beuten uns aus für unseren Traum vom perfekten Leben, für die Shareholder unserer eigenen Rentenfonds und die Sicherheit auf dem Designersofa. Die Firma ersetzt Familie und

Freunde, immer mehr Menschen sind mit ihrer Arbeit »verheiratet«. Loyalität und Teamgeist sind zu Firmenphilosophie-Floskeln, zu Worthülsen geworden. Denn bei der geringsten Leistungsschwäche – des Unternehmens oder der eigenen – werden Mitarbeiter eingespart oder durch Leiharbeiter ersetzt. Verunsicherung und ein hohes »Werte-Blabla« (zu finden auf jeder Firmen-Webseite), mangelnde Erfahrung mit wirklicher Wertschätzung und Solidarität, machen es immer schwerer zu erkennen, was wirklich wichtig ist. Wir verlernen, wie Loyalität und gegenseitiges Füreinander-Einstehen, Teamgeist und Rücksicht in der Praxis wirklich aussehen. Ein latentes Unbehagen gehört zur Tagesordnung. Und trotzdem glauben wir in dem ganzen Erfolgsdruck, dass wir selbst schuld seien an den Enttäuschungen und Rückschlägen, und dass alle anderen es viel besser schaffen.

Dazu kommt: Durch derartigen Stress sinkt die »Toleranzgrenze« innerhalb einer Partnerschaft, da das Quantum an Geduld, Kompromissbereitschaft, Aufmerksamkeit und Kraft, sich um andere zu bemühen, schon völlig vom Job aufgebraucht wird. Weitere Ansprüche und Schwierigkeiten sind da kaum noch zu ertragen. Man hat ohnehin nur noch wenig Freizeit, muss sich fit halten und darf in der Körperperfektion keinesfalls abbauen, will auch noch das eigene soziale Netzwerk pflegen: Da bleibt wenig Raum für ruhige Zweisamkeit. Der Sex verkommt dann schnell zum gegenseitigen Druckmittel: »Es gibt nur Sex, wenn du dies und das tust ...«/»Wenn du keinen Sex willst, betrüge oder verlasse ich dich ...« So hat man sich das natürlich nicht vorgestellt. Der andere sollte doch das eigene Leben schön machen, emotionale Sicherheit geben – und nicht auch noch belastende Forderungen stellen. Es kommt zu einer fatalen Abwärtsspirale: Der berufliche Stress treibt die Erwartungen an die große Liebe und das perfekte Leben noch weiter in unmenschliche Höhen, und die Ansprüche an den eigenen *Marktwert* (als Grundlage der großen Liebe) befeuern umgekehrt den Stress.

Die Liebe ist zu einer psychologischen Dienstleistung geworden, die gegenseitig eingefordert wird, die man am liebsten vertraglich zugesichert bekäme, im Detail ausgehandelt. Man versucht, Enttäuschungen zu vermeiden und sowohl eigene als auch fremde Emotionen zu kontrollieren und abzusichern. Der Partner soll das zunehmend verunsicherte Selbstwertgefühl stabilisieren – durch seinen Status, seine Zuwendung und Bestätigung. Von einer Liebesbeziehung wird mittlerweile so viel Kompensation für den Frust und das gehetzte, aber langweilige Leben gefordert, dass man der Liebe in ihrer reinen, »einfachen« Form gar nicht mehr die Möglichkeit zur Entfaltung gibt.

Aus denselben Gründen träumen Männer und Frauen neben der großen Liebe auch von großem Reichtum, der sie aus all diesen Zwängen befreit, aufregende Erlebnisse ermöglicht, mit Statussymbolen das Selbstwertgefühl verwöhnt: Einfach so, immer verfügbare Rundumversorgung in einer Welt, in der alles immer anstrengender und knapper wird. Doch leider haben gerade auch reiche und schöne Paare eine Menge Probleme mit der Liebe.

*»Was mich wirklich nervt, ist, dass meine Freundin jedes Mal, wenn sie bei mir übernachtet, irgendetwas in meiner Wohnung hinterlässt. Zuerst waren es Kosmetiksachen im Bad und dann irgendwelche Schuhe, und jetzt hat sie sogar ein Dirndl in meinem Schrank hängen lassen. Das ist wie bei meinen Kindern aus meiner geschiedenen Ehe: Die okkupieren immer das Wohnzimmer mit ihren Spielsachen, weil sie möglichst nahe bei mir spielen wollen, wenn sie da sind. Meine Freundin fragt mich nicht mal, ob mir das recht ist, dass sie immer mehr Platz bei mir einfach besetzt. Klar, wenn ich was sagen würde, gäbe es sofort Ärger. Aber mir nimmt das die Luft zum Atmen. Ich hatte das ja schon mal.«*
(Antony, Filmproduzent, München)

Die meisten Frauen träumen davon, »die Eine« zu sein, für die ihr Traummann alle anderen, seine unbegrenzte sexuelle Freiheit aufgibt und seinen wirtschaftlichen Erfolg in die gemeinsame Familie investiert. Die ultimative Bestätigung dieses »weiblichen Selbstwertes« ist eine Heirat. Denn während in früheren Zeiten mit der Heirat Liebe, Beziehung und Sex überhaupt erst möglich wurden, können Männer heute all diese Zuwendungen auch ohne Ehe haben. Und sie verlieren ihre Unabhängigkeit, wenn sie sich für eine Frau entscheiden. Deshalb hebt eine Heirat den Wert einer Frau, während sie den eines Mannes gefährdet. Die aktuelle Bindungsunwilligkeit von Männern und die große Heiratssehnsucht von Frauen haben u.a. auch in dieser *Gewinn-* bzw. *Verlust-Rechnung* ihren Ursprung.

Doch Frauen vergessen bei ihrem »Traum in Weiß« oft den gelebten Beziehungsalltag nach der Hochzeit, in dem sie trotz Jawort, Heiratsurkunde und ggf. sogar Ehevertrag nicht mit einem *Mindestlohn* an weiterer Selbstwert-Bestätigung und liebevoller Zuwendung rechnen können. Eine Hochzeit ist, trotz der offiziellen »Auszeichnung« für die Braut, kein Garant für das weitere Glück – auch wenn Disney-Märchenfilme, Romantische Komödien und Liebesromane uns genau diese Idee von Kindesbeinen an vermitteln.

Das große Gefühl kann nicht erbettelt, erzwungen, vertraglich eingefordert oder garantiert werden und auch das eigene verunsicherte Selbstwertgefühl ist mit einer Ehe keinesfalls geheilt.

Männer haben in unserer modernen westlichen Kultur eine völlig andere Strategie, um mit der Liebe ihr Selbstwertgefühl abzusichern: Sie versuchen, mit emotionaler und materieller Überlegenheit Kontrolle zuerst über ihr Leben und dann über Frauen zu bekommen. Ihr Selbstwertgefühl wird durch möglichst viele Frauen bestätigt, die sich emotional an sie binden wollen – was wiederum von ihrem Status abhängt: Je größer die Auswahl an möglichst attraktiven, bindungswilligen Frauen, desto größer scheint der eigene Wert und desto stabiler wird der Selbstwert. Jedenfalls solange diese Bestätigung von außen bestehen bleibt. »Ich bin *der Eine* für sie« ist auch hier die Parole – nur dass viele Männer für diese Bestätigung nicht eine, sondern viele Frauen brauchen.

Wenn man als Mann dennoch heiratet, ist man von nun an der Anerkennung durch diese eine Frau »ausgeliefert«. Man muss ihr standhalten, ohne Hintertürchen und Ersatzbefriedigung (das ist zumindest der eigentliche Sinn einer Ehe). Für unreife Männer ist das eine Situation, die sie sich bei einem wackligen Selbstwertgefühl oft nicht *leisten* können. Daher rührt ihre Bindungsunwilligkeit: Ihr Selbstwertgefühl kann auf die vielfältige Bestätigung, den immer wiederkehrenden Kick durch eine weitere Eroberung und die mehrseitige emotionale Zuwendung nicht verzichten. Deshalb wird dieser Kick oft genug durch Affären fortgesetzt. (Seitensprünge sind auch eine Form der Bindungsunfähigkeit, da man sich nie ganz auf nur eine Person, die eigene Partnerin einlässt.)

In unserem Kampf um emotionale Sicherheit und um die große Liebe findet man also immer noch völlig archaische Geschlechterverhältnisse, die aber scheinbar freiwillig gewählt werden. Beide Partner erwarten, dass die Beziehung ihr Leben perfektioniert, nur erwarten sie das in unterschiedlicher Art und Weise. Männern wird oft vorgeworfen, dass sie sich nicht richtig einlassen, (sexuelle) Möglichkeiten nicht aufgeben wollen, sich zurückziehen, keine (eigenen) Zukunftspläne machen und die Partnerin damit kränken und verunsichern. Frauentypisch sind dagegen viel Kritik am Gegenüber, weitreichende Forderungen an seine Zeit, seine Zuwendungen und seine Liebesbeweise. Beide Verhaltensmuster spiegeln die diametral entgegengesetzten Bestätigungsstrategien wider.

Viele Frauen sehen die Beziehung als Projekt: etwas, in das man *investieren* muss, wofür man sich und den anderen *verbessern* muss, Fehler *analysieren* und *beheben* sollte. Damit wollen sie das eigene Selbstwertgefühl in einer perfekten Partnerschaft mit dem sich bekennenden Traummann absichern. Viele Männer hingegen hoffen darauf, die Freiheiten ihres Singlelebens weiterführen und trotzdem Bestätigung und Zuwendung einer Partnerin haben zu können – aber keine weitere Verantwortung übernehmen zu müssen. Deswegen beginnen sie lieber Affären oder besuchen Bordelle, als dass sie an ihrer Beziehung *arbeiten*. Doch tiefe Nähe und Verbindung mit Mann oder sogar Kindern kann auch auf Frauen mit Bindungsproblemen bedrohlich und einengend wirken.[8] Nicht selten findet man die angeblich geschlechtstypischen Verhaltensweisen daher auch umgekehrt, was aber natürlich nichts an dem grundsätzlichen Problem ändert. Besonders Frauen, die nicht auf Familiengründung fixiert sind, bevorzugen die »männlichen« Bestätigungsstrategien.

>*»Ich lege unglaublichen Wert auf die Sportlichkeit einer Frau. Ich bin mit meinen Freunden sogar häufiger schon mit dem Rad über die Alpen gefahren. Außerdem gehe ich einmal im Jahr Kitesurfen in Brasilien und mehrmals die Woche im Sommer Schwimmen. Ich habe mit meiner letzten Freundin Schluss gemacht, weil sie mir zu unsportlich war. Sie hat sich Mühe gegeben, das schon, aber sie konnte zum Beispiel kein Mountainbike mit ›Klickschuhen‹ fahren, diesen Radschuhen, die man in die Pedale einhängt. Da hatte sie immer Angst, nicht schnell genug rauszukommen. Und ich hatte dann das Gefühl, dass sie auch Kinder viel zu ängstlich erziehen würde.«*

(Hektor, Geschäftsführer einer Medienagentur, München)

8. Studien des Paarforschers J. Gottmann, in: »*Die 7 Geheimnisse der glücklichen Ehe*«, 2000.

Status, Fassade, Leistung und Konsum sind Dinge, mit denen wir das eigene Selbstwertgefühl von außen aufzuwerten versuchen. Auch jenseits von Beziehungen bleiben sie zum größten Teil äußerlich und überdecken nur mäßig die innere Unsicherheit. In der Liebe haben sie aber noch weniger Wirkung, weil sie nicht viel mit gesunden, tiefen zwischenmenschlichen Gefühlen zu tun haben, nach denen wir uns so sehnen.

Ein Mann, der hauptsächlich wegen seiner Attraktivität und seinem Wohlstand geliebt wird, ist ein Lückenbüßer für das Selbstwertgefühl einer unsicheren Frau. Er soll ihre Sehnsucht nach Sicherheit befriedigen, sie aufwerten und vom ewigen Leistungsdruck befreien. Er soll genau die Situation herstellen, die sie schon als Kind vermisst hat: Bestätigung und Versorgung, große Liebe, einfach so. Lässt er sich darauf ein und glaubt, wegen seiner materiellen oder anderen äußerlichen Vorzüge weniger verletzt und verlassen zu werden, wird er durch diese Äußerlichkeiten genauso wenig gesunde Liebe bekommen. Durch die Anhänglichkeit und Unselbstständigkeit seiner Partnerin oder wiederum durch ihre körperlichen Vorzüge versucht er selbst, Bestätigung und Sicherheit zu erfahren, und kann aufgrund seiner tiefliegenden Selbstzweifel gerade keine gesunde Liebe geben, mit der beide wirklich glücklich werden.

Ebenso fühlt sich eine schöne Frau, der nicht Respekt und Liebe für ihre Persönlichkeit entgegengebracht wird, schnell unzufrieden und ungeliebt. Die »Statuserhöhung«, die durch Schönheit oder Luxus erfolgt, tritt im Laufe der Beziehung immer weiter hinter banalem Alltagsstress, enttäuschten Sehnsüchten und emotionalen Reibereien zurück.

Unsere Psyche, unser Unterbewusstsein lässt sich mit materiellen Dingen nicht bestechen – im Gegensatz zu unserer Fantasie. Von Unsicherheit, Ohnmacht und Enttäuschung kann man sich nicht durch Leistung oder Status befreien. Das Gefühl von großer Liebe, nach dem sich viele Menschen so sehr sehnen, kann man weder kontrollieren noch kaufen. Man kann es auch nicht

gekauft bekommen, erpressen oder durch Leistung und Selbstbeherrschung erlangen oder durch gutes Aussehen dauerhaft halten. Eigentlich wissen wir das alle. Und trotzdem verwechseln die
Menschen diese Äußerlichkeiten ständig mit Glück. Es ist für uns
schlicht unerträglich, dass man Glück nicht planen, nicht kontrollieren oder berechnen kann. Und deswegen bemühen wir uns
doch immer wieder, unsere Ohnmacht mit dem allseits gepriese-
nen Wunderheilmittel Status – Geld und Schönheit – zu bekämpfen. (Damit hat der Status die Sühne als »Anti-Ohnmachtsmittel«
des Mittelalters abgelöst.) Doch Liebe hat mit Aussehen, Geld und
Macht des Partners auf Dauer nichts zu tun – sondern nur mit
Liebe.

Während beim Verlieben zwangsläufig die Äußerlichkeiten des
anderen im Mittelpunkt stehen – schließlich braucht es lange Zeit,
um eine neue Person wirklich zu erfassen und am Anfang hat man
ja nur Äußerlichkeiten als Anhaltspunkte –, wird die Liebe später
nur noch sehr wenig von diesen »Eyecatchern« bestimmt.

Verliebtsein ist ein kurzzeitiger Hormontrip des eigenen Ge-
hirns, ein Endorphin-Rausch, der dabei helfen soll, einen fremden Menschen an sich »heranzulassen«. Doch dieser spezielle
Hormonschub fällt nach drei Monaten massiv ab und der Hor-
monspiegel ist dann spätestens nach zwei Jahren wieder auf dem
Normalstand. Jetzt erst erfolgt ein »ehrlicher« Austausch der Persönlichkeiten, ihre unbewussten Muster kommen voll zum Tragen: Nun kann man bei der gegenseitigen Anziehungskraft von
Liebe sprechen – von einer mehr oder weniger reifen Liebe.

Doch in der Bilderflut unserer Medienwelt wird uns das Verliebtsein ständig als Liebe verkauft. Der Rausch des Anfangs – in
Schmuckanzeigen, Sektwerbung und Erfolgsserien inszeniert –
wird zum Maß, an dem wir unseren langweiligen Beziehungsalltag messen. Und deshalb glauben wir, die große Liebe wäre ein
immerwährendes Andauern dieser ersten »rosaroten Phase« und

wir hätten eben noch nicht den Richtigen dafür gefunden: Die Liebe muss doch viel toller und überirdischer sein, als das, was wir mit unserem alltäglichen »Beziehungseinerlei« haben. Oder wir halten den Kampf um Zuwendung, das Bangen und die kurzen Bestätigungsmomente, das »Karussell der Emotionen« im ständigen Nähe-Distanz-Konflikt für Liebe, weil wir dieses Zerren und Reißen so sehr gewöhnt sind.

Doch Liebe ist, in ihrer reifen, gesunden Form, ein Gefühl, das nur existiert, wenn man es lebt und als etwas Konstantes, Verbindendes, Tragendes, Liebevolles erfährt. Man kann sie nicht durch *Kalkulation* herstellen oder vergrößern oder erkämpfen. Schmerzen, Ängste und Wut (die die Liebe immer auch verursacht), sind bei der gesunden Liebe nur seltene Randerscheinungen. Man versucht sie nicht durch *Berechnung* oder *Leistung* dauerhaft zu umgehen, sondern nimmt sie einfach hin, weil sie die Beziehung nicht dominieren.

Liebe widerspricht unserem kapitalistischen Denken. Daher muss auch jede *Kalkulation, Optimierung* und *Ökonomisierung* der Liebe immer wieder scheitern. Die *Rechnungen* von *Selbstbeherrschung, Marktwert, Durchhaltevermögen* gehen alle nicht auf. Man kann wirkliche Nähe und gelebtes Gefühl nicht durch *Investitionen* in sich oder die Beziehung *erkaufen*, weil eine Liebesbeziehung keine Geldanlage oder Firma ist und man sie nicht nach ökonomischen Regeln betreiben kann. Man kann in der Liebe durch *Leistung* keinen kalkulierbaren *Gewinn* erzielen – egal wie perfekt man aussieht, egal wie duldsam man ist, egal wie cool man auftritt oder wie sehr man den anderen zu Verbesserungen anspornt. Die Ansprüche an den anderen sind immer nur der Spiegel der eigenen emotionalen Defizite!

Nähe ist etwas, das man vorbehaltlos geben, aber niemals kontrolliert einfordern kann. Tiefe Liebe ist eine Kombination aus Vertrauen, schönen Erlebnissen und guten Gefühlen für den anderen. Sie passiert. Man kann sie weder *erwirtschaften* noch *ver-*

*traglich absichern.* Und gerade das Leistungsprinzip, das uns von unserem kapitalistischen Wertesystem für die große Liebe vorgegeben wird, ist ihr größter Gegner.

*»Es gibt nichts Lächerlicheres als einen Investmentbanker, der glaubt, dass seine Modelfreundin ihn wirklich liebt.«*
(Antonella, Model, New York)

Die Sehnsucht nach dem »Besten«, dem »Sieger«, ist die große Krankheit unserer Zeit. Medienbilder, grassierende Gier und falsche Versprechungen haben diese Denkweise so selbstverständlich werden lassen, dass weder hinterfragt wird, wer denn bestimmt, was »das Beste« eigentlich ist, noch was mit unserem Leben geschieht auf der ewigen Jagd danach.

Wir glauben, unsere Gefühle erst zulassen zu können, wenn der Richtige kommt: jemand, der unser verunsichertes Vertrauen und unsere Sehnsucht nach Liebe heilen soll. Er muss über alle Enttäuschungen und Zweifel erhaben sein. Er muss die Liebe *wert sein*, die wir die ganze Zeit für ihn *aufgespart* haben, er muss unsere verzweifelte Sehnsucht stillen können.

Doch leider haben wir dank unserer kapitalismusgeprägten Kultur gelernt, diesen tollen Traumpartner anhand eines völlig lieblosen Wertesystems zu messen. Die Erwartungen an große Emotionen werden mit den Qualitäten oder dem Vorhandensein herausragender Äußerlichkeiten verwechselt und daran gekoppelt. Doch was haben Charakterstärke und Nähe mit der Marke eines Autos zu tun, mit Luxusapartments und Reisen auf die Malediven? Jeder, der in einem Fünf-Sterne-Restaurant sitzt und sich fragt, warum das Gegenüber nicht liebevoll ist oder warum dieser hübsche Mensch so mit Zuwendung geizt, hat den falschen Versprechungen unserer materiellen Werteordnung geglaubt, die uns vorgaukeln, Luxus hätte etwas mit innerer Stärke zu tun und attraktive Menschen würden automatisch große Gefühle garantieren.

Dieser emotionale Materialismus ist jedoch nicht die alleinige Ursache unserer Fixierung auf *Leistung*. Das kommerzielle Denken fällt auf fruchtbaren Boden: Unser mangelndes Selbstwertgefühl ist anfällig für die hübsch verpackten Pseudo-Versprechungen der Medien und hofft auf Wiedergutmachung für all unserer Enttäuschungen mit der Liebe.

## 3. Liebe auf Augenhöhe

*»Hier in New York haben wir unglaublich viel Auswahl, tolle Leute gehören zum Alltag. Deshalb bekommt jeder das Gefühl, er könne einen Star, so einen Überflieger auch für sich akquirieren – auch wenn das noch so unrealistisch ist. Das große Problem ist heute, glaube ich, dass immer alle darauf aus sind jemand noch »besseren« zu finden, am liebsten mindestens eine Stufe über ihnen. Nur: Frauen haben dabei mehr Druck, wegen der Kinder und des Alters.*
*Ich hatte neulich ein Erlebnis: Ich saß hier in Manhattan in einer Bar und wartete auf einen Freund. Da bin ich mit drei Frauen neben mir ins Gespräch gekommen. Sie haben die Männer im Raum abgecheckt. Es war unglaublich, ihnen zuzuhören. Die Frauen waren in keiner Weise herausragend, höchstens Durchschnitt, körperlich, geistig und auch sonst. Aber sie haben über die Männer hergezogen, als wäre keiner gut genug für sie ... Da habe ich dann aber auch wenig Verständnis für die Mädels ...«*
(Alex, CEO Chemical Industrie, New York)

Es ist so eine Sache mit dem eigenen *Marktwert*: Einerseits versuchen wir, durch ihn unsere eigene Position zu bestimmen und uns möglichst *nicht unter Wert zu verkaufen* auf dem florierenden *Beziehungsmarkt*. Andererseits geraten wir selbst mit dieser völlig oberflächlichen Wertung unter Druck, besonders wenn unsere Träume in greifbare Nähe rücken, also ein Mr. RIGHT auftaucht – oder auch eine Mrs. RIGHT.

Jede Frau, die am Anfang einer Beziehung denkt: »Was für ein Traummann, eigentlich eine Nummer zu groß für mich!« oder: »Um den zu bekommen, muss ich mich anstrengen ...«, hat wenig Chancen, mit diesem Mann glücklich zu werden. Schon in dem Gedanken steckt die ganze Schieflage, die Grundlage für das Scheitern der Liebe und all die Konflikte, die früher oder später diese Beziehung dominieren werden. Denn was genau erwarte ich von diesem Menschen, den ich mir als Partner erträume: sein offenes, ehrliches, bestätigendes Gefühl für mich als Person – oder die Kompensation meiner Defizite? Möchte ich hier mit einer Person zusammen sein, die mich respektiert, oder möchte ich meinen Selbstwert durch seinen Status erhöhen? Verfolge ich den Traum von einem perfekten, luxuriösen Leben oder den von einer realen, gesunden Liebe? Werde ich geliebt, wenn ich die ganze Zeit den Verlust der Liebe fürchte? Ist das die »große Liebe«, wenn ich den anderen brauche, um meinen Wert zu bestätigen? Wenn mein Leben durch seine Zuwendung bestimmt wird?

Wenn ich mich nicht als »gut genug« empfinde für den anderen, folgen automatisch ein Kampf um seine Liebe, Anpassung und andere defensive Verhaltensweisen. Leid und Enttäuschung sind vorprogrammiert. Und wenn der andere mir andauernd vermittelt, dass er eigentlich nicht bleiben will, wenn er mich ständig anzweifelt als seine Partnerin, mir signalisiert, dass ich nicht ausreiche, nicht »die Richtige« bin, empfinde ich mich automatisch als nicht gut genug. So bin ich von vornherein ein Opfer, das auf den guten Willen des anderen hofft, auf Befreiung und Erhebung durch seine Zuwendung. Ich suche Erlösung von meinen Selbstzweifeln durch seine Bestätigung und hoffe, dass die große innere Sehnsucht durch die umsorgende Liebe dieses »überlegenen Menschen« gestillt wird. Man gibt dem anderen die Macht über das eigene Leben, das eigene Selbstwertgefühl und das eigene Glück, das man für sich selbst anscheinend nicht verwirklichen kann.

So seltsam sich das anhört: Gerade weil Frauen sich durch ihre hohe Selbstkritik oft im eigenen Lebensalltag behindern, entwickeln sie in ihrer Hoffnung auf den Supermann einen regelrechten Größenwahn. Mit der Hoffnung auf Mr. RIGHT wird der eigene Mangel kompensiert. Davon hängt dann auch ab, wie der jeweilige Mr. RIGHT gestrickt sein muss. Tatsächlich träumt nicht jede Frau von einem Statusmann, auch wenn der attraktive Leistungsträger als Wunschkandidat in unserer westlichen Gesellschaft dominiert. Andere Männlichkeitssymbole wie Coolness, Unangepasstheit, Abenteuerlust oder Künstlergenie, sogar »Revoluzzertum« sind in der weiblichen Fantasie-Heilsbringer-Palette ebenfalls vorhanden. Gleich bleibt am Ende aber immer die Reaktion: Der Funke springt über, wenn die Psyche glaubt, ihr Hoffnungsbild wiederzuerkennen.

Eine übermäßige Sehnsucht nach Zuwendung, Nähe und Verschmelzung, ständige Verlustangst und die Hoffnung auf (emotionale und materielle) Versorgung oder sogar Luxus schrecken viele Männer ab. Viele Frauen versuchen diese Wünsche daher hinter Selbstbeherrschung und Zurückhaltung zu verstecken, lesen Bücher darüber, wie man sich verstellt, Kinder- und Hochzeitserwartungen vertuscht. Doch die eigentlichen Gefühle dringen in ihrer reißenden Stärke, ihrem inneren Druck immer wieder durch.

Dieses klammernde und fordernde Verhalten, das als Sehnsucht nach der großen Liebe (auch vor sich selbst) getarnt wird, verhindert die gesunde, reife Liebe. Der andere fühlt sich automatisch von diesen übermäßigen Ansprüchen überfordert und hält aus Selbstschutz Abstand. So ist das, was viele Frauen sich als »wahre Liebe« erträumen und definieren, was sie mit der Zustimmung von Freundinnen und Love-Romance-Geschichten für sich einfordern, eigentlich etwas, dass keinem erwachsenen Menschen mehr zusteht: Es ist zu viel. Es gleicht den Forderungen kleiner Kinder nach vorbehaltloser Rundumversorgung. (Und viele Frauen fordern diese auch über ihre Kinder vom Partner oder der Gesellschaft für sich selbst ein.)

Anderseits kann ein potenzieller Mr. RIGHT sich dieser kindlichen, bewundernden, fordernden Liebe vollkommen sicher sein – was wiederum seinem eigenen verunsicherten Selbstbild Stabilität gibt. Als »überlegener« Partner behält er die Kontrolle, muss nicht um den schmerzhaften und kränkenden Verlust der Frau oder einen Angriff auf sein wackliges Selbstbild fürchten. Sein hart erkämpfter Erfolg, sein Status oder seine Attraktivität sichern ihm diese zweifelhafte Aufmerksamkeit und scheinbare Sicherheit zu. Doch was ist ihm diese sehnsüchtige Liebe einer Unterlegenen auf Dauer wert?

Letztendlich hofft auch Mr. RIGHT – besonders als Erfolgsmann, der nicht selten versucht, mit seinem Status sein Selbstwertgefühl abzusichern – auf Erlösung durch eine wirklich starke, tolle Partnerin. Und deshalb fragt er sich stets: Könnte es nicht noch eine »Bessere« für mich geben? Und bei dem großen Angebot attraktiver, intelligenter Frauen, die alle auf der Suche nach einem solchen Statusmann sind, bietet sich ihm eine große Auswahl an Kandidatinnen. Jeder neue »Verliebtheitsrausch« ist ein Kick für sein wackeliges Selbstwertgefühl – doch kommen nach kurzer Zeit leider wieder Zweifel auf. Denn so seltsam sich das anhört: Mr. RIGHT wünscht sich, trotz all seiner Erfolge, eine Frau, die gerade darauf nicht achtet und so stark ist, dass sie ihn als Person hinter dieser Fassade wirklich lieben kann.

Die menschliche Psyche basiert letztendlich auf tiefen, tragenden Bindungen zu anderen. Eine Anerkennung und Bestätigung der eigenen Person, die durch alle Krisen und Bedrohungen trägt, ist lebenswichtig – auch und gerade, wenn wir selbst dazu nicht fähig sind. Denn nur diese echten, tiefen Gefühle, diese wahre Liebe, schützt uns in schwierigen, bedrohlichen Situationen. Sie ist eine Überlebensstrategie des »Gruppenwesens Mensch«, der sich auf sie verlassen muss, wenn es hart auf hart kommt, auch wenn uns das in unserer kapitalistischen Glitzerwelt oft weit weg erscheint. Die Liebe ist der Kitt, der die Menschen durch dick und dünn zusammenhält. Und so oberflächlich all unsere Bemühungen sein mögen, uns liebenswert zu machen, so sehr wir versuchen, uns mit kapitalistischen Werten abzusichern, desto tiefer und existenzieller ist die Angst dahinter, dass all das doch keine echte Liebe bringt. Und umso größer ist die offene oder versteckte Sehnsucht danach.

*»Vor mir sitzen ständig Paare mit dem typischen Problem unserer wirtschaftlich gutgestellten Region: Sie – Stewardess, Assistentin, Kosmetikerin – hat nach oben geheiratet und er – Rechtsanwalt, Geschäftsführer, Chefarzt – dachte, seine Frau würde ihn deshalb auf ewig bewundern. Aber dann fühlt sie sich im Laufe der Jahre immer unsicherer, wenn das Alter erste Falten wirft und die Kinder selbstständiger werden. Eigene Interessen oder eine neue wichtige Lebensaufgabe fehlen ja oft. Wenn die Bildungsbürger-Freunde vorbeikommen und sie kann nur vom obligatorischen Yoga-Kurs erzählen und vom Shoppen ... Dann fängt Madame langsam an, ihren Mann runterzumachen, aus Unsicherheit. Und er verträgt ja ohnehin wenig Kritik, sonst hätte er so eine unterlegene Frau nicht geheiratet. Bald fühlt er sich völlig entmannt, wo er doch die ganze Zeit die Kohle ranschleppt, damit sie ein schönes Leben hat und ihn dafür lieben und bewundern soll. Dieses Gefühl steigert sich langsam von Kritik zur Verachtung. Am Ende können dann auch wir Paartherapeuten nicht mehr viel ausrichten.«*
(Herbert, Paartherapeut, Frankfurt)

Viele Untersuchungen aus der Paarforschung belegen, dass Beziehungen prinzipiell glücklicher sind und länger halten, wenn beide Partner sich in Intelligenz, Attraktivität, Ausbildungsgrad, Zufriedenheit, Wertevorstellungen, Fantasievermögen und Alter ähnlich sind.[9] Unser Charakter erweist sich im Erwachsenenalter als relativ resistent und kann auch durch den anhaltenden Einfluss des Partners nicht wirklich verändert werden. Ein anregender Lebensgefährte wird schnell anstrengend, wenn der andere nicht selbst ähnliche Anregungen aus seinem eigenen Lebensumfeld in die Beziehung einbringt und sich immer nur mitziehen lässt.[10] Die Fähigkeit, sich anzupassen, kann in Partnerschaften niemals dauerhaft eine zu große Kluft zwischen den Persönlichkeiten, ihrer Herkunft und ihrem Bildungsstand überbrücken. Komplexe, grundlegende Eigenschaften werden sich durch den Einfluss des anderen nicht ändern: Paare, die lange zusammenbleiben, ähneln sich. Es scheint kaum ein anderes Gesetz in der Paarpsychologie zu geben, für das die Beweislage so eindeutig ausfällt.

Hinter der Unfähigkeit vieler Männer, wirkliche Nähe zuzulassen und sich eine Frau auf Augenhöhe zu suchen, schlummert ein wackeliges Selbstwertgefühl voller Misstrauen. Ehemals enttäuschte Gefühle, die Angst vor neuer Enttäuschung, schlechte Erfahrungen mit emotionaler Abhängigkeit und dem Ausgeliefertsein an einen Menschen, den man ohnmächtig liebt und der nicht gut damit umgeht, sind der Hintergrund. Und die verschlingende Zuwendung und übermäßige Nähe-Forderung einer Frau mit einer übergroßen Sehnsucht nach Mr. RIGHT, die auf diese Nähe-Unfähigkeit trifft, repräsentiert genau diese gefürchtete Schwäche. Letztlich ist die Distanziertheit von Mr. RIGHT gerechtfertigt, denn es handelt sich bei der Liebe dieser Frau nicht um gesun-

---

9. Pairfam Studie, München, seit 2008, u.a.

10. Siehe dazu auch die umfangreiche Analyse der Studien von S. Pinker: »*Das unbeschriebene Blatt. Die Leugnung der menschlichen Natur*«, 2003, und D. Buss: »*Die Evolution des Begehrens. Geheimnisse der Partnerwahl*«, 1994.

de, reife Liebe, auf die man bauen kann, die frei gegeben wird von einem erwachsenen, starken Menschen. Sie ist nicht »erlöst« von eigenen Zweifeln und kann den anderen nicht von dessen Zweifeln erlösen. Es handelt sich vielmehr um eine Angst, die selbst auf Heilung hofft. Dieser übergroße Wunsch nach Verschmelzung, nach emotionaler (bzw. materieller) Rundumversorgung und ständigen »Liebesbeweisen« birgt die Gefahr von viel zu hohen Erwartungen. Niemand kann sie erfüllen, und somit enden sie immer in gegenseitiger Enttäuschung und neuen Verletzungen. Und wer selbst nie genug Anerkennung und gesunde Liebe bekommen hat, sich mit Erfolg und Status zu einem Mr. RIGHT stilisiert (um seinen Selbstzweifeln zu begegnen), stets auf Distanz zu anderen Menschen bleibt (um nicht emotional abhängig zu werden), kann übertriebenen Nähe-Sehnsüchten umso weniger standhalten. Das ist die Grundlage jedes Nähe-Distanz-Konfliktes. Wenn wir zu sehr »geliebt« werden, ist die infantile, verschlingende Sehnsucht hinter dieser »Liebe« schuld, dass wir automatisch zurückweichen – und wenn wir selbst zu sehnsüchtig sind, werden natürlich auch wir zurückgestoßen. Es verlieben sich immer zwei Menschen, die letztlich denselben Hunger spüren und ihn gerade von einem genauso Hungernden gestillt bekommen wollen. Deshalb herrscht hier eben nicht das *Gesetz von Angebot und Nachfrage* (der Verknappung von Emotionen und des dadurch steigenden Interesses), sondern das Gesetz von Angst und Schmerz. Denn fatalerweise stehen hinter einer solchen ungesunden Liebe mit Nähe-Distanz-Konflikten und Bindungsschwierigkeiten zwei »innere Kinder« im selben Un-Reifegrad ihrer Psychen, die beide bisher bei der gesunden Liebe zu kurz gekommen sind. Sie erhoffen voneinander emotionale Absicherung und Wiedergutmachung, wenn auch mit gegenläufigen Strategien.

Unreife Liebe tritt immer paarweise auf. Und sie tritt sehr häufig auf, gerade in unserer Gesellschaft. Deshalb halten wir sie für normal, was sie auch ist: Sie ist die Norm in einem System, das von diesen infantilen Sehnsüchten profitiert. Es feuert sie sogar ständig an, schafft wirtschaftliches Wachstum durch die Selbstzweifel und die Sehnsucht nach äußerlicher Bestätigung.

Enttäuschungen sind wir gewohnt: Wir haben sie oft genug als Kinder erfahren. Sie haben sich in unser Hirn, unsere Persönlichkeit eingeprägt, unser Selbstbild und unser Liebesmuster gestaltet. Genau das ist das Problem. Wir hoffen immer noch darauf, dass unsere Defizite wiedergutgemacht werden, dass wir endlich geliebt werden – wie Kinder, umfassend und einfach so, für unsere einmalige Persönlichkeit. Doch wir erhoffen diese gesunde Liebe von schwachen Menschen, die unseren Eltern gleichen, denn auf diese»Menschensorte« mit ihrer spezifischen Art von unreifer Liebe sind wir geprägt. So lassen sich Frauen schlecht behandeln, wenn sie von ihren Eltern schlecht behandelt wurden, fallen auf schwache Männer rein, weil sie schwache Eltern hatten, und Männer suchen Abstand zu sehnsüchtigen, herrschsüchtigen, klammernden Müttern und Partnerinnen. Man muss kein Psychologe sein, um zu sehen, dass dahinter eine unerfüllbare Hoffnung steht.

Es ist uns nicht möglich, jenseits der Verliebtheit – dieser vorübergehende »Alles-ist-perfekt-Zustand«, diese kurzfristige Symbiose, die uns von den Medien als große Liebe verkauft wird – über flüchtige Momente hinaus unsere infantile Sehnsucht erfüllt zu bekommen oder sie einem anderen zu erfüllen. Lediglich bei unseren wirklichen Kindern gelingt es uns durch unseren Schutzinstinkt, diese übermäßige Liebe ein paar Jahre lang durchzuhalten. Doch selbst hier spüren wir die eigene Einschränkung, das Zurückstecken eigener Bedürfnisse, oft genug schmerzlich. Andererseits gibt einem gerade die Liebe von Kindern sehr viel Sicherheit, weil sie so viel schwächer sind und uns nicht verlassen können: Nichts gibt unserem Selbstbild, unserem Selbstwertgefühl so viel Bestätigung, wie die bewundernde Liebe unserer Kinder. Doch auch unsere Kinder werden erwachsen, ziehen ihre Eltern irgendwann für ihr

Verhalten zur Verantwortung, erschaffen – hoffentlich – mit ihnen eine neue Beziehung unter Erwachsenen. Die Überlegenheit und Bewunderung, der Schutz und die Rundumversorgung in der Liebesbeziehung zwischen Eltern und Kindern ist also auch hier nicht von Dauer.

Körperlich Erwachsene haben – im Gegensatz zu wirklichen Kindern – kein Recht mehr dazu, solche infantilen Versorgungsansprüche zu stellen. Sie haben kein Recht mehr, ihren eigenen Wert, ihr Glück nur durch die ersehnte Stärke ihrer engsten Bezugsperson anerkannt bzw. erfüllt zu bekommen. Und eine sexuelle Beziehung ist eine Beziehung unter körperlich Erwachsenen, d.h. eine Beziehung mit einer berechtigten Erwartung an die jeweilige Eigenverantwortung.

»Bei uns gibt es beim Dating diese verschiedenen Stufen, also:
Erstes Date – Fakten abfragen.
Zweites Date – Küssen.
Drittes Date – Sex.
Das läuft hier wirklich so. Und dann muss man aufpassen, dass man sich nicht verrät. Irgendwie hofft man ja, dass jetzt alles ganz schnell geht: Eltern vorstellen, Zusammenziehen, Verlobungsring, Hochzeit, Kinder. Am besten alles in den nächsten zwei Wochen. Aber man muss natürlich so tun, als würde man darauf nicht stehen, cool bleiben. Die meisten sagen dann so was wie: Ich will nie heiraten. Oder: Ich werde immer arbeiten, ich liebe meinen Job über alles. Oder sie erzählen Geschichten, wie jemand anderes ihnen einen Antrag gemacht hat und sie nein gesagt haben, weil sie ihn nicht genug geliebt hätten, obwohl er sehr reich war und sie von vorne bis hinten verwöhnt hat. Ich nenne das immer die ›Unabhängigkeits-Show‹. Dabei hofft man innerlich die ganze Zeit, dass der Typ vor einem auf die Knie fällt und fragt: Willst du mich heiraten? Ist natürlich schwieriger, wenn man

*älter wird, das so glaubhaft rüberzubringen. Die Panik wird
dann immer stärker und man kommt sich vor wie der letzte
Loser, weil keiner einen ganz und gar will. Und die Männer
wissen das natürlich auch.*«

(Kira, Informatikerin, New York)

Es ist in jeder Form von zwischenmenschlicher Beziehung schwierig, das richtige Gleichgewicht von Verbindung mit dem anderen (Nähe) und Selbstverwirklichung (Distanz) zu leben. Doch Liebe und Verbundenheit einerseits und die Umsetzung von eigenen Ideen und Talenten andererseits sind die beiden Pole, zwischen denen wir Menschen uns immer bewegen. Sie müssen grundsätzlich im Gleichgewicht sein, damit wir glücklich sind. Eine Liebesbeziehung mit großen infantilen Sehnsüchten kann daher nur scheitern, denn die infantilen Anteile und Ängste lassen kein gesundes Gleichgewicht von Verbundenheit einerseits und individueller Entfaltung andererseits zu. Stattdessen entwickeln sich Spannungen, Frust und Enttäuschung. Und selbst jede noch so gottgleiche Schönheit, jeder noch so märchenhafte Reichtum wird in diesem Konflikt auf Dauer wertlos: Nichts stumpft schneller ab als gutes Aussehen und Luxus, wenn die Beziehung ein emotionales Dauerspannungsfeld ist. Auch Models und Millionäre haben Unglück in der Liebe und ihre Beziehungen zerbrechen, weil beide Seiten zu viel voneinander einfordern und erwarten.

Viele Menschen hoffen, echte Emotionen durch Geld oder Schönheit gewinnen zu können. Hinter dieser Hoffnung stecken immer ein mangelndes Selbstwertgefühl, die Unfähigkeit, selbst gesunde Liebe geben zu können, und die mangelnde Erfahrung im Umgang mit gesunden, reifen und aufrichtigen Gefühlen. Die unausgesprochene Wahrheit hinter all den Manipulationen und Streitereien ist letztlich die unbewusste Forderung nach Wiedergutmachung der bisherigen »schlechten Liebe«. Und wenn der andere diese Leistung nicht zufriedenstellend erbringen kann, klagen paradoxerweise die Bedürftigsten und Infantilsten den Partner wegen seiner Bedürftigkeit, seinem unreifen Verhalten und seiner mangelnden Stärke am lautesten an.

*»Mein Mann hat wirklich etliche Charakterdefizite, mal davon abgesehen, dass er fünf Kilo zu viel auf den Rippen hat und nichts dagegen tut. Es würde wahrscheinlich Stunden dauern, Ihnen seine ganzen Fehler zu erläutern. Aber wahrscheinlich würden Sie dann wenigstens verstehen, wie schrecklich der Alltag mit ihm ist und mir recht geben. Und Sie würden ihm dann auch sagen, dass es so nicht weitergehen kann. Vielleicht schaffen Sie es ja, seine Macken endlich wegzutherapieren.«*

(Sonja, Apothekerin, in der ersten Stunde einer Paartherapie, neben ihrem Mann sitzend)

Viele Frauen sind mit ihrem Selbstwertgefühl im Übermaß von Komplimenten oder anderen Bestätigungen von außen abhängig und immer von der Angst verfolgt, nicht gut genug zu sein. Die »Blumen« können noch so falsch sein, sie werden immer dankend entgegengenommen. Durch die Bestätigung von außen versuchen sie, die innere Zerrissenheit zum Schweigen zu bringen, die die Selbstzweifel so schmerzhaft macht. Auch das trifft natürlich genauso auf Männer zu, wenngleich der Inhalt aufputschender Komplimente oder niederschmetternder Kritik hier etwas anders aussieht.

Das Selbstbild vieler Menschen ist instabil, mal im Höhenrausch, mal der Selbstzerfleischung ausgesetzt. Trotzdem – oder gerade deswegen – träumen Frauen von einem tollen Mann, dessen Idealbild sich, genau wie ihr eigenes, an Werbebildern und Filmstars orientiert. Doch: Wer ein Männermodel wie aus einer Parfümanzeige haben möchte, orientiert sich natürlich auch an den Bikinimodels daneben, die das eigene Wertempfinden meist erniedrigen. (Das gilt natürlich auch umgekehrt für Männer auf der Suche nach ihrer Traumfrau.)

Mit diesem offiziellen Maßstab retuschierter Werbebilder vor Augen reißt die innere Kritik, trotz Erfolg, Intelligenz, Humor und anderer positiver (auch körperlicher) Eigenschaften, nicht ab. Es ist ein Teufelskreis, der die innere Unsicherheit mit äußerlichen Idealen bekämpfen will, die aber nur noch mehr Minderwertigkeitskomplexe auslösen.

Wir leben in einer bilderüberschwemmten Welt und es wäre völlig utopisch zu verlangen, diese ganzen äußeren Reize auszublenden. Aber anstatt sich von den Bildern der Perfektion ständig ins eigene, ohnehin schlechte Selbstwertgefühl hineinreden zu lassen, sollte man sich vor Augen führen, dass diese Inszenierungen scheinbarer makelloser Leichtigkeit und unendlicher Jugend niemals ein Garant sind für die große Liebe – nicht einmal, wenn sie wahr wären.

Um es noch einmal zu betonen: Selbst der schönste Mann an der eigenen Seite bleibt auch am schönsten Strand beim schönsten Sonnenuntergang immer nur eine wackelige Stütze für das eigene wackelige Selbstwertgefühl (auch wenn man selbst aussähe wie ein Model). Der Versuch, den vorgegebenen Maßen ähnlicher zu werden, um das große Glück zu finden, das gleichgesetzt wird mit einem äußerlich attraktiven Partner, ist ein Widerspruch in sich. Denn Glück ist, genauso wie Liebe, ein Gefühl, das sich auf Dauer nicht bestechen lässt. Und nicht unser Alter oder unsere körperlichen Makel, sondern unsere infantile Sehnsucht und unsere Selbstzweifel stehen ihm im Weg.

Unser Glück hat absolut nichts mit Schönheit zu tun. Und wir müssen auch nicht erst schön werden, um das zu durchschauen. Wir können es an jedem (in unseren Augen) hässlichen, aber glücklichen Liebespaar, das unseren Weg auf der Straße kreuzt, beobachten. Die große Liebe ist ein Gefühl, das es zu *fühlen* gilt –

einfach so, ohne Bedingungen, ohne jedes »wäre ich doch« und »hätte er doch« und »warum bist du nicht« und »wieso gibst du mir nicht«. Im Gegenteil: Diese Perfektionswünsche stellen sich immer wieder dem ersehnten Gefühl in den Weg. Wir müssen begreifen, warum wir die große Liebe noch nicht gefunden haben: Nicht weil wir uns zu wenig angestrengt haben oder weil wir nicht perfekt genug sind, sondern gerade weil wir zu perfekt sein wollen.

Solange Liebe für uns diese große, sehnsüchtige Erwartung – an uns selbst und an den potenziellen Traumpartner – bedeutet, ist es eigentlich keine Liebe, sondern schlicht die Sehnsucht nach Heilung des verletzten, zu kurz gekommenen inneren Kindes in uns. Aber wer will sich schon mit seiner eigenen Unreife und Infantilität konfrontieren, lehnen wir diese Begriffe doch so sehr ab, weil sie in unserer Werteordnung der Perfektion der »Super-GAU« sind, das Totalversagen in einem Umfeld voller Leistungsträger. Doch je vehementer wir sie ablehnen, desto mehr betreffen sie uns und desto mehr glauben wir an diese Extreme von Perfekt-Sein und Versagen, von oben und unten, die es gar nicht gibt. Je schwächer wir sind, desto mehr brauchen wir diese strenge, äußerliche, sichtbare Ordnung als Orientierung und desto leichter sind wir gekränkt, hilflos und verzweifelt, wenn uns jemand unsere Schwächen aufzeigt.

*»Ich habe eine tolle Beziehung zu meiner Mutter. Ein Teil von meinem Mannsein ist, dass ich mich in der emotionalen Welt der Frauen auskenne, weiß was sie als gut und schlecht empfinden. Das widerspricht doch nicht meinem männlichen Sex, im Gegenteil, das hilft ihm. Wenn ich weiß, wie Frauen denken und ticken, finde ich als Mann doch viel sicherer meine Rolle. Doch dann quatscht die Gesellschaft dazwischen und irritiert. Ich kann mich zum Beispiel nicht so gut mit anderen Männern über Persönlichkeit und Psyche und solche Dinge unterhalten. Die haben davon oft keine Ahnung oder finden*

*das seltsam. Meine Mutter hat schon immer mit mir über so was gesprochen, ich glaube deshalb bin ich da anders. Was aber ganz schlecht geht, was jeden Mann eher schreckt, sind Frauen in ihren Freundinnen-Mädels-Gruppen. Die sind so fies in ihren Emanzen-Vorurteilen, ihren gegenseitig hochgeschaukelten Ansprüchen. Deshalb verstehe ich nicht, wie Frauen in größeren Gruppen zum Männeraufreißen gehen können. Vielleicht sollten die Mädels auch mal ihre Väter fragen, wie Männer die Welt sehen und was an Frauen wirklich nervt.«*

(Markus, Architekt, München)

Während die meisten Frauen heute Familie und Beruf erfolgreich verbinden müssen, um ihr Leben als erfüllt zu empfinden, gibt es für Männer keine offiziellen neuen Geschlechterbilder. Das Standardverhalten des »einsamen Wolfes«, der ungebunden seine Kreise zieht und seinen männlichen Sport- und Sex-Abenteuern nachgeht, hat so immer noch Bestand. Während Frauen es heute gewohnt sind, an sich, an der Beziehung, an ihrem potenziellen Glück *zu arbeiten*, hat für Männer der »große Sieg«, die persönliche Überlegenheit nach dem »einsamen Kampf« Priorität. Deswegen gibt es zum Beispiel auch kaum Männer, die sich dauerhaft mit der Rolle des Geliebten neben dem Ehemann zufriedengeben würden: Die zweite Geige kommt für sie auf lange Sicht nicht in Frage, während Frauen oft jahrelang diese Position übernehmen – hoffend, dass ER sich irgendwann doch gänzlich für sie entscheidet. Für Männer ist bald Schluss mit der doppelten Besetzung, wenn die Frau die alte Beziehung nicht verlässt. Sie können zwar jahrelang aus der Ferne für eine Frau schwärmen und dieser Fantasie treu bleiben. Aber sobald sich die Dame in der Realität auf sie einlässt, muss sie das ganz und gar tun, sonst sucht er sich ein neues Traumbild. (Einzige Ausnahme dieser Regel: Er ist selbst bereits gebunden. Dann ist er mitunter sogar froh, wenn die Geliebte noch anderweitig beschäftigt ist, weil sie dann nicht so hohe Ansprüche an ihn stellt.)

Wenn Männer es nicht schaffen, eine Frau ganz für sich zu gewinnen, dann entziehen sie sich sehr viel schneller als Frauen dieser unangenehmen Situation. Alles, was das männliche Selbstwertgefühl angreift, wird so schnell wie möglich zur Seite geschoben. Während Frauen mit psychologischen Selbstanalysen das eigene Selbstbewusstsein eher heben und der Versuch der Selbstoptimierung ihnen Hoffnung gibt – Frau pflegt sich ja auch sonst gern mit Cremes und Massagen und allem, was sonst noch Besserung verspricht –, ist für Männer die Selbstanalyse ein Tiefpunkt für ihre Männlichkeit. Denn das Wohlfühlbild der meisten Männer ist eben immer noch das des überlegenen, wortkargen, emotionslosen Einzelgängers. Solange das Leben nicht völlig zusammenbricht, wird daran eisern festgehalten. Jegliche Art der Kritik bedroht das männliche »Helden-Selbstbild«, und gerade schwache Männer mit viel Anlass für Kritik klammern sich an dieses Ideal, um sich zu stabilisieren. Deshalb stellen sich Männer auch äußerst ungern den Problemen in Partnerschaften. Lieber fliehen sie in die Welt der Computer, des Sports, der Technik und Autos: alles Dinge, die sich berechnen und beherrschen lassen – im Gegensatz zu Gefühlen.

Die Angst vor Nähe geht bei Männern immer mit der Angst des Versagens auf dem fremden, unmännlichen Feld der Emotionen einher. Dies greift ihr Selbstwertgefühl deshalb so an, weil den Männern hier der Zugang fehlt, weil ihnen dieses Terrain immer als etwas »Unmännliches« vermittelt wurde. Innenschau und Selbstanalyse, Therapie und das Eingeständnis von Ängsten gelten nach wie vor als »weibisch« und wirken sogar auf Frauen oft unmännlich – trotz all ihrer Forderungen nach Einfühlungsvermögen und Selbstreflexion.

Gerade durch das Bild des »Lonesome Leaders« neigen also Männer mit schwachem Selbstwertgefühl eher dazu, Nähe zu vermeiden. Frauen hingegen streben danach, ihre vielgelobte Sozialkompetenz zu steigern – nach dem Motto »Pimp your Psyche« oder »Verstehe die Marsbewohner«. Doch versuchen sie meist nicht, damit ihr Selbstbewusstsein zu stärken (im Sinne der Eigenverantwortung), sondern im Gegenteil angepasster und »liebenswerter« zu werden. Der Grundgedanke dahinter, über eine symbiotische Beziehung ihre Defizite ausgleichen zu wollen, ändert sich nicht.

Um daran wirklich etwas zu ändern, ist es notwendig, sich von ein paar Klischees zu verabschieden. Tatsache ist: Männer reden nicht (wie sie so oft behaupten) so ungern, weil sie schon zu Urzeiten auf der Jagd vor sich hin schweigen mussten. Erwiesenermaßen jagten unsere Vorfahren in Gruppen und dabei war eine gute Verständigung unbedingt notwendig, genauso wie bei der gruppendynamischen Verarbeitung von Ängsten und Erlebnissen nach der Jagd. (Und neben der sehr seltenen Großwildjagd wurden vor allem Kleintiere von Männern und Frauen gleichermaßen erlegt, um ausreichend Nahrung für die Gruppe und den Nachwuchs zu generieren.)

Auch das Fremdgehen – eigentlich ein geschlechtsneutrales Zeichen für ein unsicheres Selbstwertgefühl und Probleme in der Beziehung – gilt als männliches »Kavaliersdelikt«, als etwas, dass nun mal mit dem »Mann-Sein« einhergeht. So wird der sexuelle Betrug, wenn der Druck der Unzufriedenheit sich erhöht, sehr viel schneller zu einem Schlupfloch männlicher Selbstbestätigung als umgekehrt: Lieber eine aufregende Affäre, die das männliche Selbstwertgefühl puscht, als der eigenen Partnerin zu nahe zu kommen. Lieber ein »Backup« schaffen, als sich mit Verlustängsten auseinanderzusetzen. Lieber schon mal nach der Nächsten Ausschau halten, mit der dann alles einfacher geht, mit der es hoffentlich keine Beziehungsprobleme gibt, denen man hilflos gegenübersteht. Vielleicht ist die Neue ja auch noch jünger, hübscher und nicht so frustriert und will mehr Sex und den Mann nicht ständig verändern, weil er so, wie er ist, nicht gut genug ist. Lieber sich nicht festlegen in der Liebe, denn dann könnte man durch seine Gefühle unentrinnbar festgenagelt werden und sich alten Ängsten, Wut und Unsicherheit stellen müssen. Lieber nicht über die Probleme in der Beziehung reden, da das Selbstwertgefühl dann noch wackliger wird und die ganze Hilflosigkeit zutage fördert. All diese Fluchtreflexe sind in unserer Gesellschaft immer noch als »männlich« konnotiert, weil Männer sich ihrer tendenziell eher bedienen als Frauen – und sich sogar damit brüsten. Wenn Frauen ihre Männer betrügen – was sie in der Tat tun, und zwar aus denselben Gründen –, können sie das vor sich selbst und vor Freundinnen weitaus schwieriger mit ihrem Sexualtrieb oder ihrer Weiblichkeit rechtfertigen, und sie erhalten auch in der Regel kein anerkennendes Schulterklopfen oder werden mit »Altdamenwitzen« geadelt.

Da Männer immer noch lieber dem »Erfolg« frönen statt der Sozialkompetenz, hoffen sie auch weit seltener darauf, dass sich die Partnerin ändert, denn sie haben oft keine Idee davon, wie das gehen sollte. So nehmen sie unliebsame Charaktereigenschaften und Verhaltensweisen entweder »einfach« hin – oder suchen sich (nebenher) was Neues. Es gehört nicht in unser kulturelles Männerbild, dass sich ein Mann mit psychischen Prägungen beschäftigt oder »an sich arbeitet«. Emotionen werden beim Fußball gezeigt, aber nicht in der Beziehung. Daher fallen Männer ohne tragende, enge andere Beziehungen, die sie oft genug auch nicht zu Eltern, Geschwistern oder Freunden aufbauen können, nach Trennungen in besonders tiefe Löcher.

Der Feminismus hat sich nicht um neue, moderne Männerbilder gekümmert, sondern so getan, als würden diese aus ihrer verlorenen Macht heraus automatisch zu »guten Männern«. Doch wann haben sich je schwache, verunsicherte, entmachtete Menschen von allein zu reifen Individuen weiterentwickelt? So hat sich das heutige Männerideal in einer Mischung aus überkommener, unbegründeter Dominanz, unabhängiger Coolness und sexueller Abenteuerlust verselbstständigt.

Zu unserem großen Unglück hat unsere kapitalistische Kultur versucht, diese aus Tradition und modernem Großstadtleben entstandenen männlichen und weiblichen Ideale mit absurden biologischen Begründungen anzuheizen. Die heraufbeschworene Gegnerschaft zwischen den Geschlechtern, den vielzitierten Krieg zwischen »Venus« und »Mars«, gibt es jedoch überhaupt nicht. Es handelt sich immer nur um kulturbedingte Vorstellungen, an denen sich die Männer und Frauen in ihrer heutigen Verunsicherung festzuhalten versuchen, damit aber leider ihre verfahrene Situation noch verschärfen.

Bei einem statusorientierten, coolen, unabhängigen Mr. RIGHT liegt also, genauso wie bei seiner sehnsüchtigen, liebestollen Partnerin, eine tiefe emotionale Verunsicherung vor. Statt mit Sehnsucht und Symbiosewünschen reagieren Männer auf diese Verunsicherung oft mit Verweigerung und Distanz: Sie lassen sich nicht ein oder sie lassen sich auf mehrere Frauen gleichzeitig ein (was einem Nichteinlassen gleichkommt). Hätte Mr. RIGHT ein sicheres Selbstbild, wäre er wirklich der starke Charakter, den er eigentlich nur vorspielt, hätte er auch keine Angst, seine Gefühle zuzulassen und eine Zukunft zu planen mit einer Frau, die er liebt. Doch dazu muss Mann liebevoll und selbstbewusst Grenzen ziehen können. Er darf keine Angst vor Schmerzen haben und sollte die eigene Selbstverwirklichung mit der Bindung zu anderen in Einklang bringen – anstatt auf kalten Entzug auszuweichen. Dafür braucht er aber unbedingt eine Frau auf Augenhöhe und kein sehnsüchtiges, verunsichertes, um Liebe bettelndes Mädchens, das ebenfalls auf emotionale Zurückweisungen geprägt wurde.

*»Ich liebe meine Freundin und ich würde gern heiraten und Kinder mit ihr bekommen. Ich habe das von zu Hause her von meinen Eltern so vorgelebt bekommen. Sie sind seit 37 Jahren glücklich verheiratet. Mein Vater sagt über meine Mutter: ›Sie ist mein bester Kumpel.‹ Das finde ich großartig, das möchte ich auch haben. Ich habe meine Freundin an der Uni kennengelernt; sie war damals schon verheiratet. Sie ist eine wunderschöne Frau und da hat sie dann den ersten superreichen Vollidioten geheiratet, der sie gefragt hat. Ist aber nicht gutgegangen. Jetzt lebt sie hier mit mir in New York und ihr größter Wunsch wäre, dass dieses* Sex and the City-*Ding mit ihren Freundinnen nie aufhört: Treffen, Datings bequatschen, Schuhe kaufen. Ich lasse ihr die Freiheit, aber die Zeit setzt sie langsam unter Druck: Sie ist jetzt 34. Ich spekuliere schon darauf, dass ihr irgendwann, wenn sie jetzt älter wird, klar wird, dass ich das Beste bin, was ihr passieren kann ...«*

(Eric, Investmentbanker, New York)

Unsere kapitalistische Gesellschaftsordnung verschafft Männern einen viel größeren Spielraum für die unreife Form der Kompensation ihrer Defizite als Frauen: Männer können sich viel länger und leichter vormachen, dass sie nur noch nicht »die Richtige« gefunden haben, anstatt sich der eigenen Unzulänglichkeit zu stellen. Der Altersdruck betrifft Männer erheblich später, sodass die Suche nach Mrs. RIGHT zeitlich viel weiter ausgedehnt werden kann. Denn eine junge, attraktive Frau wird für einen Leistungsträger erst ab einem Alter von sechzig Jahren offiziell lächerlich. Auch hier stirbt die Hoffnung zuletzt – sterben wird sie aber trotzdem (nur eben später).

Dadurch verschiebt sich die Notwendigkeit, sich den eigenen Beziehungs- und Näheproblemen zu stellen, für Männer um mindestens zehn Jahre nach hinten.

Fraglos hat man aber natürlich die besseren Chancen auf das wahre Liebesglück, wenn man sich so früh wie möglich seinen infantilen Mustern und Ängsten stellt. Denn je eher man hinter die Kulissen seiner zum Scheitern verurteilten Träume und Ideal-vorstellungen schaut, je früher man sein Selbstbewusstsein in der Wirklichkeit zum Reifen bringt und auf äußere Schein-Stützen verzichten kann, desto einfacher ist es, sich von der bisherigen falschen Liebesart zu lösen. Und um den Mut aufzubringen für diese schmerzhafte Selbsteinsicht, benötigen wir das Gefühl, dass uns auch nach dem Verarbeitungsprozess noch genug Zeit bleibt, den Richtigen zu finden.

In dieser Hinsicht ist die späte Druckentwicklung für Männer unter psychologisch-therapeutischen Gesichtspunkten eher ein Nachteil. Dank der erweiterten zeitlichen und materiellen Ablenkungen zögern sie die Auseinandersetzung mit ihrer Bindungs-unfähigkeit zumeist so lange hinaus, bis eine wirkliche Veränderung mit Happy End höchst unwahrscheinlich wird. Denn auch sie verlieren irgendwann ihre körperliche Unversehrtheit und als Konsequenz ihre Wahlmöglichkeiten.

Frauen versuchen dagegen stets, aus ihrer Sehnsucht nach der perfekten, alles wieder gutmachenden Liebe ihren aktuellen Partner in Mr. RIGHT zu verwandeln. Dieser »Verbesserungsplan« als Anpassung an das Idealbild beschwichtigt einerseits Verlust-ängste – nach dem Motto: er ist ja noch nicht perfekt, der Verlust wäre nicht zu tragisch. Andererseits schafft das »Zukunftsprojekt Traummann« eine Begründung, warum die Sehnsuchtsgefühle auch in der Beziehung nicht nachlassen. Das Wunschbild von besseren Zeiten wird aufrechterhalten – anstatt sich den Problemen der eigenen Psyche zu stellen. Der »noch nicht perfekte Mann« lässt den Traum von der perfekten Liebe in der Zukunft weiter existieren, ohne die Ursachen und unbequemen Wahrheiten im Hier und Jetzt hinterfragen zu müssen. Frauen mit »unperfekten« Beziehungen sollten sich also fragen: Warum ist mein Anspruch an einen Mann und die perfekte Liebe so groß? Welche infantilen, überzogenen Erwartungen verfolge ich da?

Nähe entsteht zwischen zwei Personen, die sich mögen und nichts *dagegen* tun. Für die Vermeidung von Nähe braucht es Ängste und Strategien, die sich schon in der Kindheit aus der schlechten Erfahrung mit der Liebe zu den nahestehenden Bezugspersonen entwickelt haben – in Form von Mangel, Schmerz, Zurückweisung, Kritik oder Einengung. Zwar ist die Vermeidung von Nähe genauso anstrengend wie die andauernde Jagd danach, doch haben wir nicht genug gesunde Liebe erlebt, fühlt sich unsere Psyche von jeder Nähe gleich bedroht. Denn die Liebe und Nähe haben wir in der ohnmächtigen Situation unserer Kindheit zusammen mit Mangel, mit Schmerz und Zurückweisung gelernt, mit Kritik oder Einengung erfahren: Wir sind falsch geprägt worden. Doch das kann man, wenn auch nur mühsam, ändern.

Die Liebe und Anerkennung von anderen ist uns so wichtig, weil wir evolutionär bedingt nun einmal Gruppenwesen sind und nur mit Hilfe der anderen überleben können. Wir brauchen ihren Schutz, wir brauchen ihre Zuwendung und unsere gefühlte Verbundenheit mit ihnen. Allein gehen wir (in der Wildnis) unter.

Liebe ist das angenehme und daher gesuchte Gefühl, das die Menschen zusammenhält, gegen alle Spannungen und Konflikte. Und unser Selbstwertgefühl zeigt uns unsere Stellung in der Gruppe. Ist es schlecht, haben wir zu wenig liebevolle Bestätigung und Anerkennung von den anderen bekommen: Unsere Existenz ist gefährdet. Deshalb versuchen wir, uns nach den geltenden Regeln der Gruppe für diese »wertvoller« zu machen (in unserem Fall: Nach den Regeln der kapitalistischen Gesellschaftsordnung). Denn als treibende, unerschöpfliche Kraft hinter all den bewussten und unbewussten Strategien und Manipulationsversuchen der unreifen Liebe (die versucht, über die Anerkennung anderer das eigene Selbstwertgefühl zu stabilisieren), steht das große Ziel, damit irgendwann echte, tiefe Liebe zu gewinnen, echte Wertschätzung für die eigene Person. Denn geliebt zu werden ist – sogar für Menschen, die Nähe kaum ertragen können – ein ultimatives Grundbedürfnis.

### 4. Kindheit als gefährlicher Ort.
### Oder: Wohin mit dem Frust?

*»Es ist sehr hilfreich, sich Erwachsene öfter mal als Kinder vorzustellen: Wenn der Mann, dessen riesiges Vermögen ich verwalte, mal wieder einen Tobsuchtsanfall bekommt, dann stelle ich ihn mir immer als Dreijährigen vor – und schon erscheint er mir gar nicht mehr so ›gestört‹. Bei einem Dreijährigen würde sich niemand über sein irrationales Verhalten wundern. Genauso versuche ich mich umgekehrt in die Lage meiner Kinder zu versetzen. Wir haben gerade unseren zweiten Sohn bekommen und ich denke mir, für den älteren ist das jetzt mit der Eifersucht so, als wäre meine Frau nach Hause gekommen und hätte mir erklärt: Ich habe beschlossen, George Clooney wohnt jetzt auch bei uns.«*
(Eckard, Privatkapitalverwalter, Zürich)

Wir Menschen brauchen auch in gesunden Beziehungen Bestätigung für das eigene Selbstwertgefühl durch den Partner. Als Gruppenwesen mit der Tendenz zur Paarbindung für die Fortpflanzung ist das in unserer menschlichen Psyche angelegt: Wir brauchen die anderen, ihre Liebe ist ein Teil von unserer Selbstwahrnehmung und Selbstdefinition. Trotzdem kann die Qualität dieser gegenseitigen Bestätigung doch sehr variieren. Es macht einen riesigen Unterschied, ob etwas in uns tief verletzt und sehnsüchtig nach Zuwendung »schreit«, ob der Kontrollzwang und die Angst vor Verlust und Kränkung überwiegen oder ob wir als reife

Erwachsene unsere eigene gesunde Liebe im anderen gespiegelt sehen.

Häufig wechselnde Beziehungspartner sind in erster Linie eine unreife Strategie, um das eigene Selbstwertgefühl zu füttern. Das Unterbewusstsein, das die Wahl eines Partners steuert, hat das passende Muster beim anderen gefunden: Wir verlieben uns und das Spiel der gegenseitigen selbstsüchtigen Hoffnungen beginnt. Ist der erste Hormonschub vorbei, wundern sich Außenstehende dann bald über den »Stellungskrieg« in solchen zerfleischenden Beziehungen und fragen sich: Warum tun die sich das eigentlich an?

Genau genommen handelt es sich, wie schon erwähnt, hierbei gar nicht um Liebe, im Sinne von tiefen, gegenseitig wohlwollenden, gelebten Gefühlen, sondern um den Versuch einer Heilung. Denn eine erwachsene glückliche Beziehung sieht völlig anders aus, als ein solch unglücklicher »Dauer-Notstand«, bestimmt von Sehnsucht und Abwehr.

Offen Gefühle zeigen und erwidern zu können, sich um sich selbst und andere zu kümmern ohne übermäßige Symbiosewünsche, ist etwas Seltenes. Eine gesunde psychische Entwicklung, liebevoll umsorgt, respektiert und akzeptiert aufzuwachsen, ist Grundvoraussetzung für die Beziehungsfähigkeit. So traurig und ärgerlich es ist: Unsere Eltern sind zum größten Teil Schuld an späteren Beziehungsproblemen. Denn leider haben viele von ihnen selbst nicht erfahren, was Liebe wirklich ausmacht, und können dies deshalb auch nicht an ihre Kinder weitergeben. Ihr Umgang miteinander und mit ihren Kindern gleicht einer »Schlacht« aus Angriffen und Vergeltungsschlägen, in der jeder aus seiner Ich-Perspektive versucht, für sich mit seiner Kampf-Strategie einen Punktsieg zu erringen und dem anderen eine Niederlage zuzufügen. Es findet keine Wir-Perspektive statt, in der man sich gegenseitig durch ein liebevolles Miteinander stützt und beschenkt. Die anderen Familienmitglieder sind vielmehr Feinde, die einen mit den eigenen

Erwartungen und Bedürfnissen ständig zum Verlierer machen können. Auf diese Art werden die Nähe-Distanz-Konflikte und die Unfähigkeit zu einem rücksichtsvollen Umgang miteinander von Generation zu Generation weitergereicht.[11]

Heute haben wir keine gesellschaftlichen Vorgaben mehr dafür, dass Paare zusammenbleiben müssen. Die Ehe als Institution ist kein Garant und keine in Stein gemeißelte Verpflichtung mehr – und das ist gut so. Aber gerade deshalb lässt sich in modernen Beziehungen und ihrer Brüchigkeit nun so offensichtlich ablesen, was vorher geleugnet oder verachtet wurde. Die Liebe ist immer nur das, was wir als Liebe gelernt haben. Und oft genug haben wir sie als Kampf und Demütigung erfahren. So müssen wir uns von »psychischen Schalentieren« (die bis über die sechziger Jahre hinaus durch offiziell gültige gesellschaftliche Regeln von außen Stützung erfahren haben) heute zu »psychischen Wirbeltieren« hinentwickeln, die innerlich durch ihr gesundes Selbstwertgefühl sich selbst Stabilität garantieren.[12]


Ohne Liebe und soziale Verbundenheit können wir nicht leben. In der Familie, als unsere erste Gruppe, lernen wir unser Gemeinschaftsverhalten. Ihre spezielle Liebesart beeinflusst uns und unsere zukünftige Bindung an andere Menschen.

Wir können die Funktionsweise und Wichtigkeit von Liebe gut bei kleinen Kindern beobachten, die mit ihren reinen, unverfälschten Emotionen noch völlig offen auf ihre engen Bezugspersonen zugehen, von denen sie abhängig sind. Kleine Kinder lieben

---

[11.] Nach den Untersuchungen von M. Ainsworth, die J. Bowlbys grundlegende »Bindungstherorie« weiterverfolgt, gibt es schon bei Kleinkindern drei verschiedene »Bindungstypen«: Die »bindungsvermeidenden« Kinder (23%), die »bindungsängstlichen« Kinder (15%) und die »bindungssicheren« Kinder (62%). Diese Zahlen decken sich auffällig mit denen der »Nähevermeider«, »Nähesüchtigen« und »Nähesicheren« aus der Untersuchung über das Bindungsverhalten bei Erwachsenen (s.o.).

[12.] Dieses wunderbare Gleichnis stammt von dem Hirnforscher Gerald Hüther.

noch vorbehaltlos, sie vergöttern ihre Eltern, ihre Schutzpersonen – egal, wie sich diese verhalten. Sie nehmen sie ohne zu zögern in den Arm und sagen, dass sie sie lieb haben. Sie wollen mit ihnen zusammen sein, sie wollen mit ihnen Schönes erleben. Sie erzählen unverblümt positiv von sich selbst und sie wollen, dass ihre Eltern ihr »Gutsein« direkt und mit viel Aufmerksamkeit anerkennen. Sie wollen selbst wichtig sein für die Gruppe.

So werden die Gruppenmitglieder zwar durch die Liebe aneinander gebunden, doch durch gegenseitige Ansprüche entstehen automatisch Beschränkungen und Frustration. Nur wenn die Liebe stärker ist als dieser Frust, kann sich ein ausgeglichenes, liebevolles Miteinander entwickeln, in dem Konflikte auf faire Weise gelöst werden und das durch Spannungen nicht in seinen Grundfesten gestört wird.

Diesen »Liebesfrust« kann man wiederum an kleinen Kindern sehr gut beobachten: Manchmal drohen sie, jemanden nicht mehr zu lieben, wenn er dies oder jenes tut oder unterlässt. Sie schlagen mit schwachen Ärmchen auf die Menschen ein, die sie eigentlich lieben und durch die sie genau deshalb auch Enttäuschungen erleben. Doch niemand kann alle seine Bedürfnisse sofort erfüllt bekommen. Wir müssen lernen zurückzustecken, zum Wohle der anderen Gruppenmitglieder – so wie diese auch für uns Verzicht lernen müssen.

In ihrer körperlichen Ohnmacht belustigen uns kleine Kinder mit ihren Drohungen. Wie sollten sie sie auch wahrmachen, so unterlegen, wie sie den Erwachsenen sind?! Man kann kleinen Kindern aber auch deutlich anmerken, wenn sie von Menschen, die sie lieben, zu oft zurückgewiesen und enttäuscht werden. Dann wird ihre Wut auf diese Schutzpersonen zu groß und das Kind bekommt ein existenzielles Problem. Der Frust muss irgendwohin, damit er die überlebenswichtige Liebe zu den überlebenswichtigen Bezugspersonen nicht zerstört. Die Psyche sucht sich ein Ventil: Das Kind (sein unbewusster psychischer Selbstschutzmechanismus) wendet die Wut gegen sich selbst. Es »ent-wertet« sich, hält sich für unwichtig und unwürdig und spricht sich quasi selbst sein Recht auf seine unerfüllten Bedürfnisse ab. Es wird wütend auf sich selbst, weil es nicht besser, nicht liebenswerter ist – was ihm die Eltern ja mit ihrer Zurückweisung ständig vermitteln. Dass dieses Fehlverhalten der Eltern aus deren eigenen Schwächen resultiert, kann das Kind aus seinem Erfahrungshorizont heraus noch nicht begreifen, also sucht es sich eine Erklärung für seine dauernde Abwertung: die eigene Minderwertigkeit. So kann es die Eltern trotz großer Wut und Enttäuschung weiter lieben. Und es versucht die einhergehenden Verlustängste zu bekämpfen, indem es die eigenen Gefühle reduziert, weniger bedürftig ist, den Eltern nicht zu oft zu nahe kommt, die eigene Liebe kontrolliert, um Schmerzen, Enttäuschung und Zurückweisung zu vermeiden. (Auch wenn ein Kind den Verlust oder die Trennung von einem Elternteil zu verkraften hat, fühlt es sich oft schuldig und/oder wertlos. Statistiken beweisen, dass Scheidungskinder häufiger Probleme in der Schule haben und auch später scheitern ihre eigenen Ehen vermehrt.)[13]

Darüber hinaus versuchen Kinder, bei großem Frust und großer Verlustangst die vorgegebenen Werte und Regeln der Gruppe/Familie besonders motiviert zu erfüllen: Alle finden es gut, wenn ich brav bin, wenn ich gut in der Schule bin, wenn ich ordentlich bin, wenn ich der Mama helfe, sie tröste, wenn ich immer für sie da bin – also versuche ich das und strenge mich an und hoffe dafür geliebt zu werden. Einige Kinder begehren auch auf, mit renitentem Verhalten gegen den zunehmenden Druck, mangelnde Zuwendung, Orientierungslosigkeit und schwache Eltern. (Heute führt das schnell zu einer »ADHS-Diagnose« mit anschließender Psychopharmaka-Behandlung.)

---

[13.] M. Wagner, B. Weiß: »*Bilanz der deutschen Scheidungsforschung. Versuch einer Meta-Analyse*«, 2003.

Es ist schwer für Kinder, die ja Gefühle noch ganz direkt zulassen und die Selbstkontrolle eigentlich erst langsam lernen müssen, sich an überfordernde Situationen in der Familie anzupassen. Wenn Kinder die Gefühlskontrolle zu schnell und in einem Übermaß lernen müssen, frustriert sie das sehr. Frust wird also oft in psychische Energie umgewandelt, um sich weiter zu verbessern. Dies ist ein evolutionärer Schutzmechanismus, der bei der Bedrohung der eigenen Existenz zusätzliche Kräfte freisetzt – denn unsere Psyche ist sehr überlebenspraktisch angelegt.

Wut und Frust können sich bis zum Selbsthass steigern. Das sogenannte Über-Ich, die Kontrollinstanz der Psyche, wird übermächtig und bestimmt vollkommen das Selbstbild und Wertgefühl. Eigene Bedürfnisse werden verurteilt oder gar nicht erst zugelassen – bis das Bewusstsein sie irgendwann nicht mehr wahrnimmt. Der harte innere Richter macht sich ständig als Stimme im Kopf bemerkbar, die das eigene Denken und Verhalten permanent maßregelt. Die Eltern werden so als Machtinstanz in die eigene Psyche aufgenommen, »internalisiert«. Und es entsteht unbewusst der Plan: »Wenn ich alles tue und ganz toll werde, dann wird meine Mutter oder mein Vater endlich glücklich und stark und mit mir zufrieden sein und dann können sie auch endlich mich lieben und mir alles geben.« Im Extremfall endet diese Überforderung in einer völligen emotionalen Abkapselung: »Nein, ich lasse keine Gefühle mehr zu, da wird man nur abhängig und ausgenutzt und enttäuscht. Deswegen werde ich so unabhängig, dass ich niemanden mehr brauche. Ich werde so toll, dass mir alle unterlegen sind – dann ist mir ihre Bewunderung und Liebe sicher.«

Beide Ansätze zeugen von einem schlechten, geknechteten Selbstwertgefühl. Beides ist die Ursache für das unbewusste Streben nach Wiedergutmachung durch echte, tiefe Liebe. Beides schafft einen guten Boden für die Leistungsansprüche in unserem kapitalistischen Gesellschaftssystem. Und sie sind die Ursache für die heute so weit verbreitete »Erschöpfungsdepression«, die das System dann sogar noch zum leistungsstarken »Burnout« adelt.

Dieselbe Überlebensstrategie kommt bei der »Selbstabwertung« in unserer Kindheit zum Tragen: Kinder stellen nie die Gruppe oder ihre Werteordnung, die Eltern und ihre Regeln in Frage; die Gruppe und ihre Gesetze bleiben unantastbar, denn sie sind ja überlebenswichtig. Wir müssen uns den Regeln fügen, um dazuzugehören und ihrem Schutz zu unterstehen. Also sind wir immer bemüht, uns einen guten Platz in dieser Gemeinschaft zu sichern – bis wir die Möglichkeit haben, uns als Erwachsene eine neue Gruppe, neue Menschen zu suchen: Anders wird das erst in der Pubertät. In dieser Lebensphase ist es notwendig, gegen die Eltern und ihre Regeln (teils heftig) zu rebellieren und das soziale Band zur Gruppe zu lösen, um eine andere eigene Gruppe zu suchen oder zu bilden und Inzest zu vermeiden.

Trotzdem bleiben unsere Prägungen hinsichtlich gelernter Liebe, Werte und Regeln der Ursprungsgruppe in unserer Psyche verankert. Deswegen bestimmt letztlich der Liebes-Umgang in unserer ersten Gruppe unsere Konflikte mit der Liebe in allen folgenden zwischenmenschlichen Beziehungen; deswegen suchen wir uns später oft genug Menschen (und Gruppen), die nach denselben Regeln funktionieren wie unsere Ursprungsfamilie. Und diesen Kreislauf gilt es zu durchbrechen, indem wir uns eben diese Muster vor Augen führen und neue Arten zu lieben lernen.

»*Im Kindergarten durfte mein Sohn Leo neulich nicht mehr mit seinem besten Freund Jakob spielen. Jakobs Mutter hatte nämlich beschlossen, dass Jakob hochbegabt sei und nur noch mit anderen hochbegabten Kindern spielen sollte. Die Mutter von Tabea hatte auch beschlossen, dass ihre Tochter hochbegabt sei und so musste Jakob jetzt immer mit Tabea spielen. Ich habe mich zuerst gewundert, als mein Sohn Leo nach Hause kam und plötzlich ›Tabea‹ heißen wollte, weil er*

*wieder mit Jakob spielen wollte ... Aber dann kam die ganze
Geschichte raus.*

*Solche Mütter gibt es bei uns einige: ›Projekt-Kind-Mütter‹
nenne ich sie. Oft haben sie ihren gutbezahlten Job aufgegeben, um sich ganz ihren Kindern zu widmen, und das müssen
dann natürlich die perfekten Kinder werden. Es ist mir egal,
ob mein Sohn Leo hochbegabt ist, er ist völlig richtig, so wie er
ist. Aber ich bin schon stolz auf seine fantasievolle Konfliktlö-
sungsidee in diesem Fall ...«*

(Nina, Rechtsanwältin, München)

Anmerkung: Man kann Hochbegabung erst zuverlässig ab einem Alter von acht Jahren messen.

In der bürgerlichen Kleinfamilie der Moderne ist ein Kind seinen
Ängsten, seiner Wut und Enttäuschung im hohen Maße allein und
ohne Schutz ausgeliefert. Es gibt kaum andere Mitglieder, wie in
einer Großfamilie oder Dorfgemeinschaft, die es auffangen und
unterstützen können, ihm doch noch die Bestätigung geben, die es
von den Eltern nicht bekommt. Resilienzen – psychische Ressour-
cen, Schutzmechanismen durch anderweitige ausgleichende, be-
stätigende, liebevolle Zuwendung – können so nicht ausreichend
aufgebaut werden und die psychischen Belastungen nicht ab-
schwächen. Je weniger Bezugspersonen ein Kind hat, desto höher
ist die Wahrscheinlichkeit, durch eine emotionale Störung dieser
engen Beziehungen selbst emotional gestört zu werden.

Außerdem wird der Druck aus der kapitalistischen Gesellschaft
heute über die Kleinfamilie oder Alleinerziehende viel direkter an
die Kinder weitergegeben. Die Eltern sind den ständig steigenden
Ansprüchen aus der Arbeits- und Konsumwelt immer stärker
ausgeliefert. Stress und emotionale Belastungen am Arbeitsplatz
nehmen genauso zu, wie die Ängste um Job und Gehalt. Die Fa-
milienstruktur selbst, ihre Konzentriertheit auf wenige Mitglieder,
ihre fixierende Enge, potenziert diese emotionalen Spannungen

und Konflikte durch einen Mangel an Ausweichmöglichkeiten. Liebe, Zeit, Zuwendung, Geduld und Einfühlung wird von Kindern von Anfang an als ein knappes Gut erlebt, um das man sich bemühen muss, das einem nicht selbstverständlich zufällt. Geliebt zu werden, nur weil man da ist, weil man vollkommen ist (wie man ist), erlebt kaum ein Kind mehr. Der Leistungsgedanke hat längst Familie und Erziehung durchdrungen.

Viele Menschen verlieren, während sie heranwachsen, durch den Einfluss des Umfeldes und die zunehmend auf Leistung und Durchsetzung ausgerichteten Schulen ihre Fähigkeit zu fühlen, d.h. direkt in jeder Situation wahrzunehmen, welche Gefühle sich in ihnen regen – im Guten wie im Schlechten. Die psychischen Abwehrstrategien für Enttäuschungen und Angst, Demütigung und Versagen übernehmen die Regie, noch bevor das Bewusstsein erfassen kann, was man ursprünglich in den problematischen Situationen gefühlt hat. So verlernen wir, unsere tatsächlichen Gefühle wahrzunehmen. Und wer in emotionaler Dürre groß wird, wer kaum erfahren hat, dass auf die eigenen Gefühle Rücksicht genommen wird, hat später ebenso Schwierigkeiten, sich in andere hineinzuversetzen: Der andere wird nur in Bezug auf die Befriedigung des eigenen emotionalen Notstands wahrgenommen und nicht als Person erfasst.

Die Kindheit war schon immer ein gefährlicher Ort, selten verlässt ihn jemand unbeschadet. Es gibt leider sehr viele Menschen, die es nie erlebt haben, um ihrer selbst willen auf eine gesunde Art und Weise geliebt zu werden. Die nie ein gutes Maß an Nähe erfahren haben. Viele Menschen haben schon früh feststellen müssen, dass ihre Abhängigkeit für andere Interessen missbraucht wurde. Somit ist für viele Menschen die Liebe nur eine Form der Erpressung, ein Gefühl, das hilflos macht. Durch die falschen Reaktionen der heißgeliebten, übermächtigen Schutzpersonen ist ihre natürliche Offenheit und ursprüngliche Liebe enttäuscht, gekränkt worden und zu etwas Schmerzhaftem verkommen. Daher vermeiden sie Nähe und bindende Gefühle und versuchen, mit dieser »Strategie« die Kontrolle über sich selbst und über den Partner zu behalten. Oder sie verfallen in eine übermäßige Sehnsucht, weil sie nie genug Anerkennung und Wertschätzung erfahren haben.

Wir suchen uns immer wieder Partner mit ähnlichen oder ergänzenden Liebes- und Wertemustern, in der ewigen Hoffnung auf Wiedergutmachung für das erfahrene Leid. Die Sehnsucht nach Erlösung bleibt ein Leben lang bestehen. Und nicht selten malen wir uns schon als Kinder aus, wie diese große Liebe später einmal aussehen soll, damit dann alles gut wird.

Wir alle versuchen, den Rest unseres Lebens mit immer neuen Liebesbeziehungen die alten Wunden der Liebe zu heilen – und geraten durch unsere Prägung doch meist nur an ähnlich verwundete, nach Hilfe und Heilung schreiende andere verletzte und gekränkte innere Kinder, die hoffen, der andere könnte das gute, starke, verständnisvolle, liebevolle, geduldige, supertolle Elternteil ersetzen, das man nicht hatte. Er soll die anerkennende, gesunde Liebe geben, die man nie bekam – und daher selbst nicht geben kann.

Beziehungen scheitern IMMER, weil diese alten, infantilen Forderungen (die sich heute auch in den materiellen Forderungen nach Status und Schönheit zeigen) nicht befriedigt werden können.

Doch Zurückweisung und mangelnde Zuwendung sind nicht die einzigen Gefahren einer Kindheit. Oft überlasten Eltern die Psyche ihres Nachwuchses auch, indem sie sich zu sehr um ihre Kinder bemühen und ihnen zu viel Aufmerksamkeit schenken. Diese Kinder sollen dem Leben der Eltern einen Sinn geben, ihre emotionalen Defizite ausgleichen, die Erfolge feiern, die die Eltern selbst verpasst haben. Der Schaden, der hierbei entsteht, ist kaum geringer als der bei Vernachlässigung. Auch diese Kinder werden nicht einfach so geliebt für das, was sie sind: Kinder mit einem bestimmten Charakter, Temperament, Fähigkeiten, Schwierigkeiten. Auch ein »überfrachtetes Kind« bekommt den Eindruck, dass die eigenen Gefühle und Ansichten unwichtig oder minderwertig sind. Sein Selbstbild wird bestimmt von der Funktion, die es zu erfüllen hat. Sie reagieren darauf mit Unsicherheit, oft auch mit einer Art Größenwahn – in beiden Fällen sind typische Nähe-Distanz-Probleme in späteren Beziehungen die Folge. Denn so ein überfordertes Kind bekommt zwar das Gefühl, unglaublich »wichtig« für seine Eltern zu sein, doch es merkt auch, dass es letztlich als »eigen-willige« Person unwichtig oder unerwünscht ist und nur zur psychischen Stabilisierung der Eltern dient. Es wird von den Eltern missbraucht – als emotionaler Mülleimer oder Aushängeschild oder beides. Die Eltern sichern mit ihrem Nachwuchs ihre eigene Stellung in der Familie, der Ehe, der Gesellschaft. Mit Kindern wird der Partner an sich gebunden, Versorgungsansprüche der Mutter werden durch Kinder größer, Kinder sollen einen Lebenssinn stiften ... Man kann sie anschreien oder anschweigen. Und ihre positiven Leistungen kann man seinem eigenen Konto gutschreiben.

Kinder können nicht weg! Ihre Liebe ist – solange sie klein sind – bedingungslos und durch kein noch so unreifes Verhalten der Mütter und Väter zu zerstören. Ihren Willen kann man mit Liebesentzug bezwingen und sich durch ihre Abhängigkeit und Unterlegenheit Bestätigung holen. Daher stabilisieren Eltern oft ihr Wertgefühl über Kinder, indem sie mit ihnen ihre psychischen Spannungen und Selbstzweifel bekämpfen.

Darüber hinaus gibt es Kinder, denen nie gesunde Grenzen gesetzt werden und die nie lernen konnten, sich sozial zu verhalten. Ihre Eltern halten der typischen trotzigen Reaktion auf Erziehungsmaßnahmen nicht stand – oft aus Angst, die Liebe des Kindes zu verlieren, wenn sie konsequent Grenzen setzen. Doch jedes Kind muss die Regeln und Gesetze des menschlichen Miteinanders lernen, um später in einer Gruppe akzeptiert und anerkannt zu werden. Durch die mangelnde Erziehung ecken diese kleinen Narzissten, die sich zu Hause als Nabel der Welt erfahren, meist schon im Kindergarten an, werden von anderen Kindern gemieden und ausgeschlossen.[14] Ihr trotziges Verhalten ist im Grunde eine Forderung nach Regeln, nach Orientierung und starken Schutzpersonen, die ihnen die Welt erklären.

Auch Eltern, die ständig wie »beste Freunde« und weniger als selbstbewusste Eltern auftreten, geben keine Orientierung und verunsichern Kinder, weil sie auf diese Weise ihrer erzieherischen Verantwortung nicht nachkommen. Im Umkehrschluss bemühen sich dann häufig die Kinder, für diese »infantilen Eltern« stark zu sein, damit diese schließlich auch stark werden und ihre eigentliche Rolle übernehmen, um so dem Kind zu helfen, sich im Leben zurechtzufinden. »Kumpelhaftes« Verhalten ist in Situationen, in denen es auf Klarheit und Schutz ankommt, für Kinder verunsichernd: Was ist richtig, was ist falsch? Sind meine Eltern in der Lage, mich zu beschützen, wenn es sein muss? All das sind unbewusste Zweifel, die auch bei Kindern mit netten, aber durchsetzungsschwachen Eltern auftauchen.

Leider tragen alle diese Kinder später diese schlechte, unreife Art zu lieben ihr Leben lang mit sich herum. Ein Teil der Psyche bleibt kindlich, infantil: ein inneres Kind, das in gewohnter Weise auf erwachsene Liebe von außen hofft. Und so sind viele von uns auf die eine oder andere Art von Kindesbeinen an auf die Suche nach einem starken Partner und Wiedergutmachung geprägt. Die

---

[14.] Später kann man solche narzisstisch-gestörten Menschen sehr gut in Sendungen wie »*Das Dschungelcamp*« beobachten. (Besonders der Untertitel: »*Ich bin ein Star, holt mich hier raus*« verweist hintersinnig auf genau diese Persönlichkeitsstörung.) In solchen »Real-Life-Formaten« ist immer mindestens eine Person zu finden, die für sich ständig in Anspruch nimmt, dass für sie die »Spielregeln« nicht gelten – zum Verdruss der übrigen Gruppe und zur Schadenfreude der Zuschauer, die diesen Narzissmus gerne »gestraft« sehen.

Sehnsucht, umsorgt und beschützt zu werden, wird lebens- und liebesbestimmend.

> *»Bei uns in Afrika ist es nicht so wichtig, was ein Mann besitzt. Bei uns besitzt ja keiner wirklich viel, und selbst wenn du aus einer reichen Familie stammst, kannst du nichts kaufen mit deinem Geld. Es ist viel wichtiger herauszufinden, ob ein Mann als Ehemann nett zu mir als Frau sein wird. Das ist eine richtige Prozedur: Man trifft sich ganz oft und beobachtet ihn und hört sich um, was die Leute über den Mann sagen. Wir sind ja noch ziemlich konservativ, man beginnt bei uns Beziehungen erst im heiratsfähigen Alter. Und die Familie hängt voll mit drin: Der Mann gehört ja dann auch zur Familie und umgekehrt. Da kann man sich kein faules Ei leisten. Das belastet sonst ja auch alle anderen, die du liebst.*
> *Alles, was bei uns zählt, ist die Familie. Kinder sind der Schatz der Familie. Bei uns stören Kinder nicht. Sie sind immer mit dabei. Vielleicht sind sie auch deshalb immer artig: Afrikanische Kinder nerven niemanden. Wenn ich nach Afrika reise, um meine Familie zu besuchen, habe ich fünf Koffer mit, nur für die Geschenke. Jeder bekommt was, auch alle meine Neffen und Nichten und die Kinder meiner Cousinen und Cousins.«*

(Stella, Chemikerin, Kenianerin, lebt in München)

Nach einer unglücklichen, angstbestimmten, orientierungslosen oder einengenden Kindheit wird man besonders anfällig für die herrschenden Werte der Gesellschaft: Ein Teil von uns bleibt hängen in den alten Mustern, kann nicht gesund heranreifen und versucht – wie vormals in der Familie – den Werten und Anforderungen der Gesellschaft gerecht zu werden, um endlich Anerkennung und Liebe zu bekommen. Es ist uns so wichtig, wo wir in der Gesellschaft stehen, welchen Status wir haben, was andere Menschen von uns denken, weil es uns einmal so wichtig war, was unsere Eltern von uns dachten. Das innere Kind, das, je nach den erfahrenen Lieblosigkeiten in der Kindheit, einen größeren oder kleineren Anteil der eigenen Persönlichkeit ausmacht, versucht jetzt in der Gesellschaft, der Firma, der Partnerschaft oder in Freundschaften mit denselben Verhaltensmustern und Werten aus der Kindheit den geforderten Leistungsansprüchen gerecht zu werden. Es versucht (immer noch), von seinem Umfeld Bestätigung zu erhalten. Deshalb folgen Jungs dem Ideal der »unabhängigen Coolness«, das unsere Medien tagtäglich als »wahre Männlichkeit« *verkaufen*. Durch geforderten wirtschaftlichen Erfolg und die dafür nötige andauernde Selbstunterdrückung wird so die Angst vor Gefühlen, Wut und Trauer noch weiter verstärkt. Andererseits versuchen viele Männer, mit diesem Erfolg Kontrolle über andere Menschen zu bekommen: Deren wirtschaftliche Abhängigkeit soll die eigene Sicherheit vor Zurückweisung garantieren.

Mädchen werden dagegen durch das weibliche Rollenbild unserer Gesellschaft viel mehr Gefühle zugestanden. Sie können selbst in Führungspositionen ihre Entscheidungen, ihre Handlungen mit Sätzen wie »Da hab ich ein/kein gutes Gefühl« begründen. Männer treffen wichtige Entscheidungen zwar ebenfalls über ihr Bauchgefühl, denn unsere emotionsstarken Erfahrungen aus unserer Vergangenheit sind *immer* die Grundlage aller Entscheidungen. Doch würden Männer das so niemals offen zugeben. Ihr Idealbild ist bestimmt von angeblicher Rationalität. Emotionale Entscheidungen sind demnach »Weiberkram«.

Natürlich überwiegt bei allen menschlichen Überlegungen, auch bei denen von Männern, das stärkste Gefühl, jedoch kann es sein, dass dieses Gefühl durch andere Erfahrungen als bei Frauen geprägt wurde: Frauen fühlen und entscheiden häufig altruistischer, empathischer, weil sie durch die für sie herrschenden Werte zu entsprechenden Erfahrungen gedrängt wurden. Männer fühlen und entscheiden in der Mehrheit egoistischer, weil das als männlich gilt in ihrer Erziehung und in unserer Kultur. Dieses Gefühl vom eigenen Vorteil durch Durchsetzungskraft wird dann völlig unsinnig als »rational« beschrieben.

*»Das Glück des Menschen ist im Schöpfungsplan nicht vorgesehen«*, hat Sigmund Freud behauptet. Auf jeden Fall ist die perfekte Liebe nicht möglich. Doch so wie auch Kinder sich völlig überschätzen bei dem Versuch, die Eltern mit dem eigenen Verhalten positiv zu verändern – um die eigene Ohnmacht nicht zu spüren –, grenzt der Wunsch, den perfekten Partner zu finden oder den vorhandenen Partner zu perfektionieren, an Selbstüberschätzung. Das Hinnehmen von realen Gegebenheiten, das Annehmen der Mangelhaftigkeit unserer Welt und unserer Liebesbeziehungen fällt selbst reifen Persönlichkeiten sehr schwer. Gleichzeitig widerspricht der Traum von einem Leben, »wie es sein sollte«(umfassende Bestätigung, keine Enttäuschung, der Maßstab der Werbewelt mit ihrem ewigen, perfekten, paradiesischen Glück), in seiner abstumpfenden Gleichförmigkeit sich immer wieder selbst. Der Wunsch nach einem »besseren Leben« motiviert die Menschen aber auch zu Höchstleistungen: Auch Träumen ist eine Überlebensstrategie der Psyche für schwierige Zeiten – besonders in einer unglücklichen Kindheit, aus der man nicht entfliehen kann.

## 5. Fantasie als Gefahr

*»Eigentlich ist das mit dem Traum von der großen, perfekten Liebe doch so wie in der Geschichte mit dem Mann, der vom Priester gefragt wird: ›Glauben Sie an Gott?‹ Und der Mann sagt: ›Ich bin extra zum Nordpol gelaufen, um Gott zu finden, bin in einen Schneesturm geraten und wäre fast gestorben.‹ Und der Priester sagt: ›Aber Sie leben doch noch, also hat*

*Gott Sie gerettet.‹ Und der Mann antwortet: ›Nein, ein Eski-*
*mo kam vorbei und hat mich in sein Iglu mitgenommen ...‹«*
(Nicole, Bankerin, Frankfurt)

Die menschliche Fantasie hat zwei überlebenswichtige Funktionen: Mit ihr lässt sich einerseits die Zukunft vorausplanen und
eine hohe Motivation für die Veränderung von leidvollen Zustän-
den aufbringen, und andererseits (oder sogar gleichzeitig) stellt sie
ein »emotionales Pflaster«, einen Ausgleich dar zu einer unbequemen Gegenwart oder Vergangenheit. Ein Leben ohne diese inneren Fluchtwelten ist nicht möglich.

Beide Funktionen der Fantasie können sich ergänzen, sich aber
genauso gut gegenseitig behindern und sogar ausschließen. Wenn
nämlich die Gegenwart so unangenehm ist, dass die Fantasieent-
würfe für die Zukunft viel zu unrealistisch werden, blockieren diese übersteigerten inneren Wachtraumbilder eine mögliche Umsetzung. Sie schwächen die Wahrnehmung für wirkliche Auswege
und Veränderung und verhindern somit unsere Möglichkeit, in
der Realität glücklich zu werden. (Schiebt man bestimmten Vo-
gelarten, zum Beispiel dem Halsbandregenpfeifer, »überoptimale«
Ei-Attrappen unter – größer und deutlich gesprenkelter –, wollen
sie nur noch diese ausbrüten, obwohl sie nicht mal auf ihnen sitzen
können. Die echten Eier verfaulen dann daneben ...[15])

Je schlimmer die Umstände sind, die durch die Fantasie kompensiert werden sollen, und je jünger wir sind, wenn wir beginnen,
uns in diese Traumbilder zu flüchten, desto mehr beeinflussen sie
unsere Erwartungen an das Leben. Dieser scheinbare Ausgleich zu
mangelnder Bestätigung und realen Erfolgserfahrungen gleicht im
Verhalten und den Symptomen einer Drogensucht. Übermäßiger,

---

[15.] Wolfgang Schmidbauer: »*Angst vor Nähe*«, 1985, nach einem Versuch von
Otto Koehler.

andauernder Fantasiekonsum birgt die Gefahr einer Abhängigkeit. Durch die ständige Flucht in Romantik-Filme und Bestseller-Liebesgeschichten werden tiefe Gefühlsspeicher erschlossen. Die infantilen Sehnsüchte werden verstärkt und als erfüllbar dargestellt (siehe nächstes Kapitel). Und für diese positiven Gefühle muss endlich mal nichts riskiert, sondern nur gelesen oder zugeschaut werden: Man kann sich ohne viel Aufwand dem Rausch der Erfüllung hingeben, dem totalen Ausstieg in eine umfassende Glückseligkeit.

Problematisch wird es allerdings, sobald die Realität ein »Zurückkehren« erzwingt. Nicht selten fühlen Menschen, die ihre Idealwelt – ihren Roman, ihre Serie, ihr Videospiel – verlassen müssen, einen körperlichen Schmerz, vergleichbar mit Entzugserscheinungen. Die Gefühle des Alltags sind so abgeschwächt oder negativ, dass sie gegen den Gefühlsrausch unter der Droge »Illusion vom perfekten Leben« nicht mehr ankommen. Dadurch fällt das Akzeptieren des banalen, hässlichen Ist-Zustands nun noch schwerer. Auch wird wie bei jeder Drogensucht die Abhängigkeit von der wunderbaren Scheinwelt bei zunehmendem Konsum immer größer. Es ist so einfach, so leicht steuerbar, so befreiend, die schlechten Gefühle wegzuschieben und sich wenigstens zeitweise einen Kick zu verschaffen. Dieser »Selbstwertpush« durch die Identifikation mit den Hauptfiguren speist immer wieder die Hoffnung, dass »das große Glück auch für mich selbst mal wahr wird«. Diese sinnlich-motivierende Verheißung lässt viele Menschen unbewusst glauben, sie könnten selbst in der Fantasiewelt mitspielen und das Gewonnene auf die Realität übertragen, sprich: die perfekte Liebe, das perfekte Leben selbst gestalten.

Doch genauso wenig, wie man durch Drogen letztlich Glück kaufen kann, ist es uns möglich, durch Fantasiewelten glücklich zu werden. Auch wenn wir mit diesen Geschichten – mit uns selbst in der Hauptrolle – noch so oft die Bilder, die alle unsere Sehnsüchte erfüllen, nachzeichnen, verschwinden unsere Probleme mit der Liebe in der Realität nicht. Im Gegenteil: Je mehr wir in der fiktiven Welt mit Mr. RIGHT leben, desto überdimensionaler werden unsere Ansprüche an Mr. REAL. Wir erwarten immer unerbittlicher ein ähnlich perfektes Glück mit einem ähnlich perfekten Partner, wir sind immer weniger bereit, uns mit den Gegebenheiten des Beziehungsalltags zufriedenzugeben und einen realen Mann mit seinen Fehlern und Schwächen zu akzeptieren. Gerade durch diese Ausgleichsfantasien wird die Sehnsucht oft noch schmerzhafter und eine gesunde Nähe mit einem realen Partner noch unwahrscheinlicher.

Der Mythos von der »Totalverschmelzung« und »Rundumerfüllung aller Wünsche«, den wir in der modernen Medienwelt, der Werbung und in den Filmen und Bestsellern finden, hält uns in dieser falschen Vorstellung gefangen. Man lügt uns vor, was das Kind in uns schon immer glauben wollte: Dass durch Leistung und/oder Erduldung, Zurückweisung, Selbstverbesserung und Selbstbeherrschung irgendwann Befriedigung und die große Liebe erarbeitet werden können. (In Japan gibt es inzwischen Jugendliche, die überhaupt nicht mehr an der realen Welt teilnehmen, die ihre Zimmer nicht mehr verlassen und sich völlig einem irrealen Universum von Computerspielen, Internet und Filmen hingeben. Der gewöhnliche Alltag hat keinerlei Reize mehr, die gegen die virtuelle Euphorie ankommen könnten, und wird deshalb komplett abgelehnt.)

So ist es auch für viele Leserinnen und Zuschauerinnen der Romantik-Bestseller geradezu schmerzhaft, die fiktive Welt der perfekten Luxus-Liebe, der hundertprozentigen Bestätigung, aufregenden Verwicklungen und Abenteuer wieder zu verlassen und ihren Alltag zu meistern. Auch sie möchten eigentlich in den Geschichten verharren. Jedes Ende des Rausches schlägt eine kleine Wunde – denn viele Frauen wollen nicht zurück in ihre Realität mit all den unperfekten Männern und Enttäuschungen. Und in den erfolgreichen Geschichten von Mr. RIGHT, den Liebes-Blockbustern und Serien, löst sich das Nähe-Distanz-Problem der Protagonisten immer plötzlich wie von selbst auf.

Der Wunschtraum von Mr. RIGHT mutiert: das gedankliche Konstrukt, das die Psyche eigentlich stabilisieren soll, hält sie nun gefangen. Die übergroße Sehnsucht ist entstanden aus dem Anerkennungsmangel in der Kindheit und gewachsen durch den Leistungsdruck unserer kapitalistischen Werteordnung (der lieblosen Ökonomisierung all unserer Bedürfnisse in unserer Gesellschaft). Der Leidensdruck der Leserinnen und Zuschauerinnen wird durch die Geschichten gemindert, sodass es nicht mehr genug Motivation gibt, sich den tiefen Enttäuschungen hinter der Sehnsucht zu stellen: Fantasie als Opium für die verletzte Seele. Mit den strahlenden Kopfbildern wird der Schmerz der eigenen Psyche betäubt und der Antrieb, wirklich etwas gegen die eigene Verzweiflung zu tun, stark reduziert: Frau kann ihr Leben mit den vielen fiktiven Super-Männern im emotionalen Gleichgewicht halten und sich immer wieder davon überzeugen, dass ihr Mr. RIGHT irgendwo da draußen existiert.

Unsere Fantasie unterliegt unserer eigenen Regie; die sehnlichsten Wünsche finden dort Anerkennung und werden erfüllt, man ist nicht länger ohnmächtig. Hier wird man geliebt und bewundert, ist schön und sexy, alles gelingt. Man bekommt Komplimente, wird begehrt: Mr. RIGHT ist uns verfallen. Jeder gescheiterte Versuch, diesen Herren in der Realität zu finden, lässt das Eintauchen in die fiktiven Geschichten umso anziehender werden. Ein Teufelskreis, denn die Maßstäbe der Traumwelt schrauben die Ansprüche immer höher, sodass die Wirklichkeit ihnen gar nicht mehr gerecht werden kann. Das Methadon Realität ist nur eine unbefriedigende »Ersatzdroge« und kann dem Gefühl für die Bücher- und Filmfiguren nie standhalten. Was kann ein Biertrinker vor dem Fernseher schon ausrichten gegen einen klavierspielenden Mr. Perfect?!

*»When you once fucked Bill Clinton, you never want less.«*
(Alex, CEO Chemical Industry, New York)

Die Ursache für die Flucht in die eigene Traumwelt ist also die emotionale Erschöpfung und übermäßige Enttäuschung durch die harte, reale Welt unserer Kindheit und die leistungsfixierte Gesellschaft. Leider wird den modernen Frauen, nicht zuletzt unterstützt vom Feminismus, weisgemacht, sie könnten mit Leistung wirklich tiefe Liebe erreichen. Es wird ihnen vermittelt: Wenn du dich nur genug anstrengst, genug investierst (in deinen Körper, in deinen Status), eine hohe Frustrationstoleranz entwickelst (die dann zur Sozialkompetenz hochgelobt wird), dann wird alles gut! Diese ungesunde, letztlich unwirksame Strategie, ihr radikaler Anspruch, wird in den Medienbildern unserer Gesellschaft auf die Spitze getrieben. Niemand scheint sie in Frage zu stellen, denn so falsch sie ist, so verführerisch ist die Annahme, wir könnten unser Glück selbst bestimmen, es herbeikämpfen und wären endlich nicht mehr ohnmächtig.

In jedem Romantik-Frauenfilm, jedem globalen Bestseller der Frauenliteratur – die gerade märchenhafte Verkaufszahlen liefern –, wird an die Leserinnen appelliert: Kämpfe um deine große Liebe! Anstrengung, Durchhaltevermögen, Selbstverbesserung, Fehleranalyse und Coaching der eigenen Persönlichkeit – und der des Partners – werden zum Erfolg führen! Mit Disziplin und genug Durchhaltevermögen kannst du dir den perfekten Mann ins Leben holen und seine tiefen Gefühle gewinnen! Und dann wird er, wenn du nur genug um ihn gekämpft hast, deine eigenen Verlustängste ausgehalten, gewartet, seine zeitweisen Zurückweisungen und andere Demütigungen ertragen, ihn analysiert, immer wieder Verständnis für seine Widerstände und Ängste aufgebracht hast, (mehrfach) von ihm verlassen wurdest und ihn zurückgewonnen hast, dann, ja dann wird er dich irgendwann für immer lieben ...

Die Leserinnen dieser Bücher sind sehr oft, wie die weibliche Hauptfigur in den Geschichten, intelligente, erfolgreiche, selbstständige, kreative Frauen. Denn gerade auch ihre wirtschaftliche Emanzipation erfolgt aus dem Leistungsprinzip, das sie von Kindheit an gelernt haben. Nur leider folgt die Liebe nicht diesem kapitalistischen Leistungsprinzip der Machbarkeit – jedenfalls nicht in der Realität. Die Ökonomisierung der Liebe ist das sicherste Mittel, um sie nicht zu erleben, ganz gleich, wie oft in unseren kommerzialisiert verfilmten Fantasiewelten das Gegenteil behauptet wird.

Ein Mensch, der sich einen Idealpartner herbeisehnt, für sich nur eine Art Übermenschen akzeptiert, kompensiert *immer* ein Unsicherheitsgefühl und schlechte Erfahrungen. Nur in seiner Fantasiewelt funktionieren Liebe, Geben und Nehmen, Selbstverwirklichung und Verbundenheit wie von selbst, der Idealpartner spürt immer schon im Vorhinein, welches Bedürfnis er als Nächstes stillen muss – wie eine Mutter bei ihrem Kind. Der Idealpartner gibt einem alles, was man will, einfach so, ohne dass man darum auch nur bitten müsste oder die typischen realen Konflikte aufkommen. So wird das Traumbild von Mr. RIGHT zum Ausgleichsbild für eine Kindheit, in der Liebe etwas Schwieriges war. Wenn die Eltern nicht genug Geduld, Stärke und Einfühlungsvermögen besitzen, um dem Kind die Liebe zu geben, die es verdient, auf die es ein Recht hat, wird ihm (durch die Ungerechtigkeit des Schicksals) das Urvertrauen ins Leben vorenthalten. Dafür fordern wir – oft ein Leben lang – Wiedergutmachung: All das Elend soll vom richtigen Mann endlich aufgehoben werden. Mr. RIGHT ist die Kompensation für alles, was uns das Leben bisher, seit unserer frühsten Kindheit, schuldig geblieben ist.

Der Schmerz und die Trauer über die schlechten Zustände in unserem Leben würden uns überrollen in dem Moment, in dem wir die Hoffnung auf diese perfekte Erlösung aufgeben. Und die banale Realität in ihrer Fehlerhaftigkeit reicht nicht, um all die

Mühen zu entlohnen, vom (unbewussten) Leid des bisherigen Lebens zu erlösen.

*»Ich denke so oft, das Leben kann doch nicht so banal sein. Ich weiß noch, als ich ein Kind war, habe ich mir immer gedacht: Auf keinen Fall werde ich wie meine Mutter! Haushalt und einen Mann, der bei der Post war und daheim kein Wort geredet hat. Ab und zu kamen die Verwandten zu Besuch und man hat das gute Tischtuch aufgelegt. Die Hölle! Mein Leben sollte wirklich was Besonderes werden. Ich bin die erste Frau, die bei uns in der Familie studiert hat. Meine Tante hat gesagt: Mädchen, du bist doch hübsch, da brauchst du doch kein Studium ... Einfach mit zwanzig ein paar Kinder und die gleiche Sch... wie seit Generationen. Ich bin raus in die Welt, war im Ausland, habe Karriere gemacht, ein paar Beziehungen gehabt. Aber richtig glücklich bin ich jetzt trotzdem nicht. Wenn ich meine Eltern besuche, schnürt es mir immer noch die Kehle zu. Es war schon richtig, wegzugehen und zu studieren, und ich bin auch einigermaßen zufrieden. Aber ich denke mir immer, gerade wenn ich mit einem Mann schon länger zusammen bin: Da muss doch noch was kommen, so was wie in einer Kaffee-Werbung: eine italienische Stadt und ein geiler Typ und ich im Designerkleid – und nicht nur für einen kurzen Moment am Anfang ...«*
(Sybille, Wirtschaftsprüferin, München)

Frauen (und Männer) versuchen, den Bildern in ihren Lieblingsgeschichten ähnlicher zu werden, und stellen immer größere, die höchsten Ansprüche an sich selbst. Gleichzeitig erwarten sie aber auch immer mehr zum Ausgleich – von ihrem Partner und vom Leben. Denn die Frauenfilme, untermalt von Fotostrecken über Traumhochzeiten der Hollywoodstars in den Boulevardmagazinen, begleitet von teuren Werbezeiten für Wimperntusche,

Schlankheitspillen und Sektstimmung in flatternden Abendroben, versprechen, dass dem Leistungs- und Durchhalteprinzip ein perfektes Happy End folgt. Deshalb verschlingen nicht selten die toughsten Karrierefrauen diese romantischen Bestseller, träumen weiterhin von der großen Liebe und halten ihr Leben damit in einem, wenn auch unbefriedigenden, Gleichgewicht.

So treiben die Träume all der Frauen vom perfekten Mr. RIGHT – und die Anstrengungen, dem Männertraum von einer Mrs. RIGHT zu entsprechen – das System des Kapitalismus eine weitere Runde voran. Bis in unsere geheimsten Winkel, unsere privatesten Vorstellungen sind die verführerischen, stilisierten, motivierenden Bilder vorgedrungen. Mit käuflichen Fanartikeln, wozu letztlich auch all die von den Stars der Glamourindustrie beworbenen Produkte zählen, versuchen die Leser und Zuschauer, näher an die Helden heranzukommen. Sie wollen irgendwie in die Geschichte »hineingelangen«, sie in die Realität hinüberziehen. (E.L. James hat sich – sehr geschäftüchtig – die Rechte an all dem Sexspielzeug gesichert, das mit ihrem Megabestseller *Shades of Grey* verkauft wird.) Die Bestseller über die große Liebe werden so auch abseits vom reinen Buchverkauf zu wahren Geldmaschinen. Mit ihnen lässt sich fast alles vermarkten: Kosmetik, Möbel, Lebensmittel – alles, wodurch wir hoffen, so zu werden, wie die Stars, die wiederum am Maß ihrer Werbeeffizienz rekrutiert werden.

Der Kauf von Dingen erweitert für einen kurzen Moment unser Ich. Wir integrieren die schönen Sachen in unser Selbstwertgefühl. Leider hält dieses positive Gefühl jedoch nur sehr kurz vor, und so müssen wir immer weiter kaufen und immer weiter arbeiten, in einem frustrierenden, (über-)fordernden Umfeld, um wieder Geld für den Konsum und den kurzen Kick zu verdienen. Und die Liebes-Muster der Kindheit haben uns vorbereitet auf diese Art des Lebens: Leistung mit der vagen Aussicht auf den kurzzeitigen Selbstwertpush einer Anerkennung, den ersehnten Moment einer Annäherung an das Traumbild.

Jeder Kauf verschafft uns eine sofortige Befriedigung in einer Welt, in der wir Bestätigung und Erfolg selten erleben. Denn hier wird zumeist erst nach langem, mühsamen Alltagskampf und immer neuen Leistungsanforderungen mal eine Beförderung oder Gehaltserhöhung ausgesprochen. Denn Mitarbeiter sollen keine Forderungen stellen, die den Gewinn der Firma schmälern. Und sie sollen sich bloß nicht für einen Moment zufrieden ausruhen können. Maximale Gewinnausschüttung als über allem stehende Maxime hat sich in unsere Partnersuche schon lange eingeschlichen. Doch wir erkennen das nicht als die eigentliche Ursache für unseren großen Hunger nach tiefen Gefühlen und Anerkennung, sondern verfolgen konsequent weiter die falsche Fährte, die uns immer weiter weg führt vom Glück einer echten, tragenden Bindung und gelebter Nähe.

Während das innere Kind mit seiner Sehnsucht die große symbiotische Liebe in der Paarbeziehung sucht, hat ein anderer Teil gleichzeitig Angst vor der Abhängigkeit, den erneuten Zurückweisungen und den Schmerzen der Liebe. Die Sehnsucht nach Mr. RIGHT schafft in den Konflikten mit Mr. REAL eine Hintertür, durch die unsere Fantasie zusammen mit der Hoffnung dem ganzen Ärger entfliehen kann: Es ist der andere, der nicht perfekt genug ist, um mich glücklich zu machen, es ist sein Fehler! Er gibt mir nicht die geforderte Nähe, Bestätigung, emotionale Versorgung. Also kann ich weiter träumen und hoffen und in meiner Fantasiewelt bleiben, wo alles perfekt ist. Denn viele Menschen ertragen eine zweifel- oder angstfreie Beziehung gar nicht, auch wenn sie so große Sehnsucht danach haben. Die »Trauer«, die Enttäuschung über die schlechte Elternliebe, die mit ungeahnter Macht in unserem Unterbewusstsein schlummern, die Wut über die Unfähigkeit der Eltern und das ungerechte eigene Schicksal, die gleichzeitige Angst, was passiert, wenn sich diese Gefühle bahnbrechen – all diese Emotionen sind ungeheuerlich (und in Psychotherapien immer wieder in einem plötzlichen Ausbruch zu beobachten. Doch ein Gefühl der Befreiung tritt erst nach dem Ausleben der Trauer oder des Schmerzes ein, und nur nach solch einer »Reinigung« von der alten Verzweiflung, den Ängsten und der Wut ist dann eine wirkliche Nähe zu anderen Menschen möglich.[16])

Das Nähe-Distanz-Problem moderner Paare entsteht demnach, weil beide die Nähe, nach der sie sich eigentlich seit ihrer Kindheit so sehr sehnen, gleichzeitig nicht ertragen können. Ihr Traum vom besseren, perfekteren Partner scheint hier ein einfacher, logischer Ausweg: Der aktuelle Partner passt einfach noch nicht, ist noch nicht gut genug. Denn wäre es schon Mr. RIGHT oder Mrs. RIGHT, dann müsste doch die große Liebe und verschmelzende Nähe gelingen!

Ein sehnsüchtiges, unsicheres inneres Kind, eine abhängige Geliebte, ein einsamer Wolf haben Probleme mit gesunder, sicherer Liebe. Sie müssten zuerst ihre inneren Kinder an die Hand nehmen und sich ihnen liebevoll zuwenden, anstatt sie dauernd weiter zu kritisieren oder zu Höchstleistungen anzutreiben. Stattdessen erwarten viele Frauen diese Fürsorge von Mr. RIGHT. Umgekehrt wünscht sich Mr. RIGHT genau diese Zuwendung und Rücksicht von seiner Partnerin, die das ja gerade aus den Gründen ihrer eigenen Sehnsucht heraus nicht geben kann.

In den Bestsellergeschichten und Serien müssen sich die weiblichen Hauptfiguren niemals den Gründen für das eigene schlechte Selbstwertgefühl stellen. Sie stolpern zwar selbstkritisch durch ihr unvollkommenes Leben, doch es wird niemals erklärt, wieso diese »Aschenputtel« dann plötzlich das Zeug zur »Prinzessin« haben und Mr. RIGHT schließlich seinen Lebensinhalt darin sieht, nur noch sie glücklich zu machen (siehe nächstes Kapitel).

---

16. Ausführlicher dargestellt in meinem Buch »*Gestatten: Ich. Die Entdeckung des Selbstbewusstseins*«.

In der Realität ist die Erkenntnis über die Ursachen des fort-
während Scheiterns in der Liebe leider unbedingt notwendig,
um glücklich zu werden. Statt in der Fantasie den heilbringenden
Mr. RIGHT ein ums andere Mal heraufzubeschwören, ist es daher
sinnvoller, sich selbst um das kleine verletzte Mädchen, die wiederholt enttäuschte Frau zu kümmern. Denn die seelischen Verletzungen, die alten und neuen Wunden, sind der Hauptgrund,
warum Mr. RIGHT nicht zu Mr. REAL-RIGHT werden kann.

## 6. Mit Gefühl zur Heilung

*»Ich habe meine große Jugendliebe damals in flagranti mit
einem anderen im Bett erwischt. Ich bin ausgerastet, habe einen CD-Ständer genommen und wollte ihn dem Typen über
den Kopf ziehen. Und dann sagte sie, die Decke bis zum Kinn
hochgezogen: ›Schatz, es ist nicht so, wie es aussieht.‹ Ich dachte nicht, dass man so was wirklich mal erlebt. Ich konnte zwar
nicht lachen, aber ich bin völlig ruhig geworden. Es war das
Gefühl von: Dritter Akt zu Ende, Mann geht wütend ab. Als
ich später wieder nach Hause kam und mich hinsetzte, habe
ich gemerkt, dass ich sie einfach liebte. Es war mir egal, ob sie
jemand anderes körperlich besitzt. Es kam eine unglaubliche
Traurigkeit hoch, aber ich habe gleichzeitig gemerkt, dass Liebe mit etwas völlig anderem zusammenhängt. Die Beziehung
ist dann nicht an der Verletzung oder Eifersucht gescheitert,
sondern weil sie die Bestätigung von außen gesucht hat, die
ich ihr nicht geben konnte. Das einfache Gefühl, das ich für sie
hatte, hat ihr nicht gereicht.«*
(Marc, Bauunternehmer, München)

Unsere Gefühle wurden seit der Aufklärung in einen scheinbaren
Gegensatz zu unserem angeblich überlegenen Verstand gesetzt. Sie

wurden stets abgewertet und sollten durch die Ratio beherrscht werden. Doch wie wir aus der modernen Hirnforschung wissen, ist diese Trennung völlig verkehrt. Unser Verstand, unsere Fähigkeit, Entscheidungen logisch abzuwägen, beruht auf dem Gefühl von »richtig« und »falsch«, »wichtig« und »wichtiger«, und dieses Verstand-Gefühl wird bestimmt von all unseren Erfahrungsgefühlen. Unsere Gefühle sind also die Grundlage all unserer Bewertung, unserer Entscheidungen. Sie sind unsere Orientierung, die Basis unseres logischen Denkens und unseres Überlebens. Sie sind der Schlüssel zum menschlichen Wesen, unserem Verhalten, unseren Träumen. Unsere Gefühle, besonders unsere Erfahrungsgefühle aus der frühen Kindheit mit unseren Eltern (frühkindliche Bindungserfahrungen) sind grundlegend für all unsere späteren Entscheidungen und Erfahrungen. Wir können ihnen nicht entgehen, uns selbst und andere über ihr Vorhandensein betrügen, sie verdrängen oder uns mit dem Verstand »gegen« sie entscheiden. Sie bestimmen unser Glück und auch alles, was uns unglücklich macht. Wir sollten daher unseren eigenen Gefühlen viel mehr Beachtung schenken, ihnen mehr Platz geben in unserer gefühlsfeindlichen, leistungsorientierten, angeblich rationalen Welt. Wissen wir, was wir fühlen – ein Königsweg zu unseren wahren Gefühlen sind unsere Nacht-Träume –, entgehen wir auch viel besser der permanenten subtilen Manipulation unserer Gefühle durch die Werbung und anderen falschen Versprechungen.

Das Gefühl der Enttäuschung – hervorgerufen durch das egoistische Verhalten oder die ständige, latente Kritik der eigenen Mutter, die Abwesenheit oder das Desinteresse des eigenen Vaters – und all die anderen emotionalen Überforderungen, die eine moderne Kindheit bereithält – Demütigungen durch ebenfalls emotional ausgehungerte Geschwister oder Klassenkameraden, charakterschwache Lehrer –, müssen in ihrem Leid zuerst von uns selbst anerkannt und in ihrer Tragweite ernst genommen werden. Die schlechten Gefühle (Angst, Wut, Trauer, Kränkung), die uns ein Leben lang vor sich hertreiben, haben wir seit langer Zeit verdrängt oder verleugnet, um mit unserer frustrierenden Umwelt zurechtzukommen. Wir haben die schlechten Gefühle als Gefahr »entsorgt«, da sie von dem unreifen Verhalten unserer mächtigen, überlebenswichtigen Eltern verursacht wurden. Dabei sind genau diese verdrängten Gefühle das Schwert, das den »gordischen Knoten« des ewigen Mangels zerschlagen und uns aus der heutigen Ohnmacht und Fremdbestimmung befreien kann. Dazu müssen wir den alten und neuen schmerzhaften Situationen ins Auge schauen und die Gefühle zulassen: Katharsis (Reinigung) nennt die Psychotherapie diesen Vorgang. Nur wer die alten Schmerzen nicht mehr mit Leistung und falschen Hoffnungen überdeckt oder sich in Fantasiewelten flüchtet, kann reales Glück finden. Nur wer der inneren Unruhe auf den Grund geht und bewusst wahrnimmt, sie als Ursache für seine hohen Ansprüche an sich selbst und einen Traumpartner erkennt, kann Frieden, Selbstbewusstsein und reales Glück finden. Je sehnsüchtiger wir sind, desto mehr müssen wir uns selbst um unser inneres Kind kümmern. Wir sollten lernen, seine Verzweiflung und Ängste im Alltag des Erwachsenen wahrzunehmen, sie ernst nehmen und anerkennen, das innere Kind im Geiste in den Arm nehmen und trösten und damit seine Entwicklung im positiven, liebevollen inneren Dialog möglich machen. Dieser Vorgang ist vergleichbar mit der Praxis der »Achtsamkeit« im Buddhismus: Im Hier und Jetzt bemerken wir, was vor sich geht, beachten unsere Gefühle, lernen sie anzunehmen und jeden Moment als »gelebtes Leben« auszuschöpfen.

Jeden Tag haben wir Situationen in unserem Arbeitsumfeld, in unseren Freundschaften und Partnerschaften, in denen wir unsere Unsicherheit und Ängste, Enttäuschungen und falschen Hoffnungen erst einmal »einfach« erkennen und wahrnehmen sollten – anstatt vor ihnen davonzulaufen oder sie zum Schweigen zu bringen. Sich mit den eigenen Ängsten zu versöhnen, die eigenen verletzten Anteile ernst zu nehmen, ist der erste und wichtigste Schritt in Richtung Heilung. Wir müssen uns um uns selbst kümmern – und nicht länger von einem fiktiven oder realen Partner erwarten, dass er/sie unser inneres Kind versorgt und ihm alle Enttäuschungen wiedergutmacht.

So ungerecht das sein mag, dass unsere Eltern (oder unser Schicksal) uns die gute, gesunde Liebe vorenthalten haben, die wir eigentlich verdient hätten (so wie jedes Kind): Wir haben als Erwachsene leider »kein Recht« mehr darauf, sie von anderen zu fordern. Wir müssen unsere Forderungen und Ansprüche aufgeben, um nicht auch noch den Rest unseres Lebens an die falsche Liebe zu verlieren.

Die »Arbeit mit dem inneren Kind« ist eine der aktuell erfolgreichsten Therapiemethoden. Sie ist aber auch eine Alltagsübung und beruht auf der Erfolgsgeschichte von der großen Liebe zu uns selbst. Sie bietet die Möglichkeit, Zufriedenheit und Glück in einer guten Beziehung mit sich selbst und seinen verwundeten Anteilen zu erreichen – anstatt durch Sehnsüchte und Getriebenheit immer weiter in die falsche Richtung zu rennen. Die Selbstliebe zu unserem inneren Kind befreit uns von den Dämonen unserer Vergangenheit, aus der Ohnmacht und Abhängigkeit schlechter Eltern/ Partner. Sie heilt uns von der Lieblosigkeit unserer Kindheit, die uns ein Leben lang nachhängt. Wenn wir wirklich beginnen, uns um uns selbst zu kümmern, unsere Sehnsüchte und alten Schmerzen ernst nehmen, können wir alle übermäßigen und unrealistischen Ansprüche, die niemand sonst je erfüllen kann, aufgegeben. Denn zuerst müssen wir lernen, uns selbst so zu bestätigen, zu akzeptieren und zu lieben, wie wir es uns immer von Mr. RIGHT (oder Mrs. RIGHT) gewünscht haben. Wir müssen unser »ungerechtes« Schicksal akzeptieren und annehmen (was nur durch die Trauer gelingt). Dadurch können wir das Leid in Stärke verwandeln.

Wir kämpfen und leisten und rennen und hoffen heute in unserem Alltag, anstatt zu fühlen. Häufig wissen wir nicht, wie es uns selbst in der gerade stattfindenden Situation geht – denn das ist meist ein unangenehmes Gefühl. Unsicherheit, Frust, Zweifel oder Ängste und Erschöpfung sind Empfindungen, mit denen wir Schwierigkeiten bekommen, wenn wir ihrer Tragweite und Andauer gewahr werden. Und die kapitalistische Gesellschaft macht es uns einfach, Trauer und Enttäuschung nicht fühlen zu müssen. So häufen sie sich ständig weiter an. Wenn wir uns aber Zeit und Raum nehmen für die verdrängten, weggeschobenen Gefühle, verschwindet langsam die Übermacht ihrer Negativität: Was man sieht und kennt, kann keine »unheimliche Macht« mehr sein. Allerdings fehlt uns nun ein Teil der Motivation und Antriebskraft, um einfach weiterzurennen. Wir sind nicht mehr bereit, weiterhin unseren vorgeschriebenen Platz im herrschenden Leistungssystem auszufüllen. Auch deshalb haben wir so viel Angst vor diesen schmerzhaften, erschütternden Gefühlen. Sie könnten einen Erdrutsch im bisherigen Leben verursachen, seine gesamte Ausrichtung, all seine Prinzipien, Werte und bisherigen Beziehungen in Frage stellen – nicht zuletzt auch die zu den eigenen Eltern. Die weitverbreitete Regel für unseren heutigen Umgang mit den eigenen Gefühlen lautet daher: Lieber die Lebensfreude verlieren, ständig um Liebe und Anerkennung kämpfen und ihre Erfüllung dauernd verschieben, als Trauer und Verzweiflung zuzulassen, zu erinnern, zu erkennen. Das aus Medienbildern erschaffene Selbstideal, die Karriereziele, die Träume und Hoffnungen, der für die Glücksvorstellung so hart erarbeitete Marktwert, all das würde ja sinnlos und wäre so viele Jahre vergeudete Liebesmühe und Lebenszeit gewesen.

Und wenn wir die Zurückweisungen des »Traummannes« tatsächlich spüren würden, auf den wir gerade unsere Hoffnungen richten, die alltäglichen Demütigungen durch seinen mangelnden Willen, sich wirklich einzulassen, müssten wir dann nicht sofort gehen?

Aber was soll dann aus uns werden?! Wir hätten keine Ausrichtung, kein Ziel, keinen Plan mehr, um weiterzuleben in diesem Gesellschaftssystem der Erfolgsdominanz. Wir müssten uns außerhalb der geltenden Regeln positionieren, neuen, eigenen Ideen und Werten folgen und ganz anders handeln als bisher, einen ganz anderen Menschentyp als Partner suchen. Wir müssten auf all die wunderschönen falschen Träume verzichten, die unsere verunsicherte Seele doch immer wieder getröstet haben. Denn auch wenn der Kapitalismus mit seinen Werbebildern ein schlechtes Vorbild abgibt, ist er immerhin mit seinem Leistungsprinzip eine starke Orientierung im emotionalen Durcheinander. Und so hoffen wir lieber weiter auf die Erfüllung all seiner leeren Versprechungen, als uns eine eigene, aber doch (erst mal) unsichere Nische im System zu suchen. Lieber überlegen wir, was wir doch noch an uns verbessern könnten, als den Schmerz zuzulassen und alle Hoffnung auf ein perfektes Leben, eine perfekte Liebe zu verlieren – bis uns irgendwann ein »Burnout« (oder eine andere Krankheit) oder der Verlust einer weiteren, hoffnungsvoll begonnenen Beziehung dazu zwingt.

Doch das Leben wird ja gerade dadurch spannend, dass wir uns verändern können, weil wir mit ein paar neuen Weichenstellungen unseren Blick auf unser Dasein völlig neu ausrichten, uns befreien, eigene Werte und funktionierende Wahrheiten suchen können, jenseits des ganzen Gerennes in unserer Welt.

## 7. Was ist Liebe?

*»Es klingt vielleicht etwas komisch, aber mir ist beim Lesen des Buches* Bestellungen beim Universum *etwas ganz Grundlegendes klar geworden: Dort steht nämlich, dass ich mir beim Universum nicht meinen ›Traummann‹ bestellen*

*soll, der reich ist und toll aussieht oder sonst was kann oder
hat, sondern den Mann, der ›gut für mich ist‹.«*

(Dagmar, Steuerberaterin, München)

Liebevolle Interaktion, gemeinsame Ziele und Interessen, Begegnung auf Augenhöhe, Respekt und Rücksicht sehen Paartherapeuten, Psychologen und die Sozialforschung als Säulen einer glücklichen, tragenden Zweisamkeit. Gemeinsam verbrachte, friedvolle, unbeschwerte Zeit ist die Grundlage für diese Liebe. Man muss den anderen dazu nicht erst verändern oder sich selbst perfektionieren, bevor die Beziehung funktioniert. Man muss diese Liebe auch nicht erzwingen, absichern, Beweise einfordern oder manipulieren und kann den anderen (weitestgehend) akzeptieren, wie er ist: als eine eigenständige geliebte Person.

Der andere ist als gleichwertiger ganzer Mensch mit Stärken und Schwächen, Ähnlichkeiten und Unterschieden in der eigenen Gefühlswelt fest verankert. Kurzfristige Launen, einzelne Situationen oder Sätze können das Bild von ihm und die Gefühle für ihn nicht erschüttern. Auch das eigene Selbstwertgefühl wird durch das Verhalten des anderen nicht gefährlich angegriffen. Gesunde Liebende spüren kein »inneres Reißen«, das in so vielen schwierigen Beziehungen Alltag ist. Der andere beachtet die eigenen Bedürfnisse und setzt sich nicht ständig über Grenzen hinweg. In der reifen, gesunden Liebe findet man einen guten Ausgleich zwischen Selbstverwirklichung und Bindung. Nähe verursacht keine Panik.

Erwachsene Persönlichkeiten haben sowohl die eigenen Interessen als auch die der anderen im Blick. Sie wissen um ihre eigenen Grenzen und die der anderen – besonders der nahestehenden, geliebten Personen. Sie versuchen nicht, sich deren Liebe zu erkämpfen, in der Hoffnung, dass der andere sich ändert, rücksichtsvoller wird, endlich mehr gibt. Sie versuchen auch nicht, die Beziehung mit ihren Interessen zu dominieren. Reife Charaktere können Liebe auch im banalen Alltag fühlen, ihr oft und offen Ausdruck verleihen: Sie »einfach« leben.

Liebe bedeutet nicht permanenter Verzicht oder Warten oder Aushalten oder Kontrolle. Sie bedeutet gelebtes, gezeigtes Gefühl, Intimität, einen liebevollen Umgang miteinander. Nähe sollte von Anfang an das Grundprinzip dieser Liebe sein – und nicht erst in einer fernen Zukunft, für die man sich vorbereiten muss, damit dann alles endlich perfekt ist (man selbst oder der Partner oder die Umstände). »Gesunde Liebe« bedeutet, das Eigene und das Fremde gleichwertig zu vereinen, und nicht erst den anderen zu dem zu machen, was man haben will – ihn passend oder uns selbst ähnlich »zu machen«, um keine Angst mehr vor ihm haben zu müssen. Liebe bedeutet nicht Unterwerfung in der Hoffnung auf Zuwendung oder Sicherheit. Sie bedeutet nicht, der unabhängigere, weniger verletzbare, emotional abgesicherte Partner sein zu wollen, der den anderen mit seiner Überlegenheit manipulieren kann.

In einer gesunden Liebe freut man sich, mit dem anderen zusammen zu sein. Man beschränkt Gefühle und Sex nicht auf die Belohnung vorheriger Erwartungserfüllungen. Man kann die eigenen Enttäuschungen ansprechen, sollte aber niemals versuchen, aus Selbstschutz den anderen zu verletzen, zu provozieren oder auf die Probe zu stellen. Sich gekränkt zurückzuziehen und die eigenen Gefühle zu reduzieren ist der falsche Weg: Man kann beim anderen keine Liebe erzwingen oder einklagen oder herbeimanipulieren. Verlustängste sind keine Liebe, und wer versucht, sich rarzumachen, um Aufmerksamkeit zu erhaschen, gewinnt dadurch niemals ehrliche, dauerhafte Gefühle.

Wenn eine Beziehung zu schmerzhaft wird, sollte man sich selbst beschützen und ohne weitere Vorwürfe gehen: Niemand hat es verdient, nicht geliebt zu werden! Niemand muss sich schlecht behandeln lassen! Niemand sollte darauf warten, dass der andere endlich liebevoll und nett ist! Niemand muss einen »Nebenbuhler« oder den Status als »Zweitfrau« ertragen!

Den eigenen Frust, die Wut der Enttäuschung am anderen auszulassen, ist keine Lösung. Es hilft uns, diese Gefühle zuzulassen – aber nicht, wenn wir sie gegen den anderen wenden. Wir können diese Emotionen dem Partner zwar zeigen, ihm sagen, wie sehr er uns verletzt, aber Vorwürfe oder die Hoffnung auf Wiedergutmachung führen zu keinerlei Verbesserung: Es gibt keine Beziehung, die durch Schreierei und Anklagen je gerettet wurde. Läuft die Partnerschaft nicht so, wie man es sich erträumt hat, sollte man immer auch die eigenen Träume und Erwartungen nach infantilen, überzogenen Ansprüchen durchsuchen.

Es ist oft schwierig zu bestimmen, wann es besser ist, an einer Beziehung festzuhalten und zu versuchen wieder das Gefühl der gelebten Liebe in ihren Mittelpunkt zu stellen, und wann man sich trennen sollte – weil der andere einfach nicht guttut, nicht bereit ist, sich um sein eigenes inneres Kind zu kümmern. Sich in einen hübschen, erfolgreichen Mann zu verlieben ist einfach, aber wenn er nicht nett ist, keine Nähe leben kann, sich immer wieder zurückzieht hinter hohe, kalte Schutzmauern, ist er kein »toller« Mann. Er ist und bleibt: eine kapitale Fassade mit viel Unglück dahinter. (Das gilt, wie schon gesagt, auch für alle »nichtkapitalen« Männer, die durch anderes »cooles Gehabe« alte Sehnsüchte wecken – und genauso wenig Nähe und Liebe leben können. Auch »Normalverdiener« oder »Loser« können betrügen, lügen und Bindungsprobleme haben.)

Ist die Liebe ein anhaltender Kampf und kann das Gefühl der Liebe mit dem anderen nicht gelebt werden, erfolgen andauernde Verletzungen und Zurückweisungen, sollte man sich lieber liebevoll trennen – ohne Hass und Vorwürfe. Man hat sich den anderen ja selbst »ausgesucht«, weil er die eigene unreife Liebe spiegelte. Auch wenn die inneren Kinder anderer Menschen oft sehr rücksichtslos sind und uns selbst viel Leid zufügen, können wir über so eine unreife Liebe viel Erkenntnis über unsere eigenen unreifen Erwartungen gewinnen. Gescheiterte Partnerschaften zeigen viel über uns selbst und unsere eigenen Muster, und wir können Leid immer in eine Chance auf Veränderung wenden. Man muss den anderen deshalb nicht dafür hassen oder noch mehr verletzen. Besser ist, man nimmt sein inneres Kind an die Hand und sucht sich einen »wirklich guten« Mann, einen Mr. REAL-RIGHT, der Liebe leben und geben kann, und das jeden Tag. Denn allein diese Einsicht zeugt schon von eigener Reife.

Es ist wichtig, nach einer Trennung mehr emotionale Autonomie zu gewinnen, bevor man eine neue Bindung eingeht. Das eigene innere Kind sollte zuerst durch die eigenen erwachsenen Anteile stabilisiert werden, weil man sich sonst durch Flucht vorm Trennungsschmerz nur wieder in die nächste unrealistische Sehnsuchtsbeziehung verrennt. (Hierzu kann eine langersehnte Reise dienen, die man allein oder mit Freunden unternimmt. Auch bestimmte Kurse und Dinge, die wir neu lernen, die uns schon immer interessiert haben, sind sehr hilfreich, um eigene, »selbstliebende« Erfahrungen zu machen.) Prinzipiell ist alles, wovon wir schon immer geträumt haben – und was wir jetzt für uns selbst realisieren –, ein großer Schritt in die richtige Richtung der positiven, »eigenmächtigen« Selbsterfahrung.

Erst wenn wir ein gutes Gefühl für uns selbst entwickelt haben, erst wenn unser inneres Kind so weit gereift ist, dass es schlechtes Benehmen, Demütigung und selbstsüchtiges Verhalten nicht mehr hinnimmt (oder sogar selbst provoziert), haben wir die Chance, eine reifere, gesündere Liebe zu finden. Erst wenn wir uns selbst zu viel wert sind, um uns schlecht behandeln zu lassen, sind wir zu einer starken »Schutzperson« für unser inneres Kind geworden. Erst dann sind wir bereit für eine erwachsenere Beziehung mit anderen, in der das gelebte Gefühl im Mittelpunkt steht.

Das Scheitern einer Liebe ist kein »persönliches Versagen«. Wenn eine Beziehung zu Ende geht, sollten wir uns selbst befragen oder Rat einholen und herausfinden, welche unserer infantilen Sehnsüchte (die wir oft auch schon in vorherigen Beziehungen erkennen konnten) hier wieder nicht zum Ziel geführt haben, an welcher Stelle wir uns verletzt fühlen. Unsere wunden Punkte beim Scheitern einer Liebe verdienen Beachtung. Dem andern das Scheitern vorzuwerfen, bringt dagegen überhaupt nichts. Tiefe Selbstzweifel helfen ebenso wenig weiter. Oft rennen wir davon und in die nächste Beziehung hinein, anstatt die eigene Traurigkeit auszuhalten und anzunehmen, Ängste und Enttäuschungen zu verarbeiten. Mit Leistung und Selbstoptimierung oder einer schnellen neuen Liebe kann man dem Leid nur zeitweise entgehen. (Es gibt aber zunehmend auch viele Frauen, die sich auf überhaupt keine Beziehung mehr einlassen, aus Angst vor Enttäuschungen, die sie bei jedem Mann schon im Vorhinein über seine Fehler aufzuspüren meinen. Die Liste des »das geht gar nicht« wird immer länger und immer vehementer verteidigt: Wenn Frau dann schon so lange gewartet hat, muss es irgendwann erst recht Mr. RIGHT sein, der den ungestörten Tagesablauf, das schmerzfreie Leben und die saubere Wohnung noch mal durcheinanderbringen darf.)

Es ist sehr hilfreich, in der Liebe Ängste und Traurigkeit bis zu einem gewissen Grad akzeptieren zu lernen als wertvolle, zum Leben gehörende Gefühle: Sie waren und sind berechtigt, sie weisen uns den Weg, sie zeigen uns, wer wir eigentlich sind, was wir wirklich brauchen und uns selbst »geben« sollten. Wir müssen lernen zu akzeptieren, dass uns das Schicksal nun mal mit Herausforderungen konfrontiert.

Gefühle erscheinen, obwohl wir ihnen nachjagen, in der harten Realität unserer Leistungsgesellschaft oft als Schwäche oder Luxus, naiver Hokuspokus, den man sich im Alltag nicht *leisten* kann, den man sich erst leisten wird, wenn der perfekte Partner endlich da ist. Doch wir können uns die großen, erhebenden Gefühle für Mr. oder Mrs. RIGHT nicht *aufsparen*: Es gibt keinen *Erfolgsweg*, der uns irgendwann zu diesem totalen Gefühlsglück mit dem perfekten Partner führt – und von dem wir uns durch andere Gefühlsduseleien abbringen könnten.

Auf der Suche nach dem bestmöglichen Partner und während der nachfolgenden Kämpfe um das große Glück stellen sich die Beteiligten oft die Frage: »Hat er mich/hab ich ihn überhaupt *verdient*?« Besonders Frauen sind bereit, völlig unabhängig von ihrer Bildung, ihrem beruflichen Erfolg und ihrem Erscheinungsbild ihren eigenen Wert in Frage zu stellen, wenn sie von einem potenziellen Traummann abgelehnt werden. Genauso neigen sie aber auch dazu, einen Mann, der sich um sie bemüht, wegen »unpassender« (unzureichender) Äußerlichkeiten selbst abzulehnen. Ohne seine Person wirklich zu erfassen, glauben auch sie oft, sie hätten »Besseres« verdient: Obwohl Frauen Zurückweisung sehr viel schmerzhafter und selbstkritischer empfinden, stehen sie in der Wertung von Äußerlichkeiten den Männern nicht nach. Sie haben genaue Vorstellungen von Mr. RIGHT und seinem Platz in der Gesellschaftshierarchie, über den sie ihr eigenes perfektes Leben erhoffen: Er soll etwas darstellen in der kapitalistischen Werteordnung. Und der Wert einer Frau wird immer noch maßgeblich durch die Chancen bei »so einem Mann« bestimmt – auch hierin sind sich Männer und Frauen sehr ähnlich. Dabei ist es für viele Frauen überaus wichtig, sich »nach unten hin« abzusichern und sich gleichzeitig nicht *unter Wert* zu verkaufen. So zerstörerisch die Ablehnung durch einen Traummann ist, so »erhaben« fühlen sich viele Frauen gegenüber »Emporkömmlingen«, die sie oder die Gesellschaft als unpassend erachten. Eine Ärztin, die einen Krankenpfleger heiratet, braucht immer noch ein sehr unabhängiges und gesundes Selbstwertgefühl, um sich der Skepsis von außen und innen zu stellen; eine schöne Frau, die einen netten Durchschnittstypen als Partner hat, sieht sich häufiger mit der Frage konfrontiert, ob sie sich nicht doch noch einmal umschauen sollte – eine Überlegung, die attraktive, gutverdienende Männer in unserer »Kultur der Gewinnmaximierung« natürlich genauso betrifft.

Sicher stehen beim anfänglichen Kennenlernen der Status und die Optik des anderen im Mittelpunkt der Wahrnehmung. Man kennt den anderen noch nicht, und Aussehen, Kleidung und Habitus sind die ersten Informationen über seine Person – Informationen, die wir bewusst und unbewusst wahrnehmen, die uns gefallen oder nicht. Wir können uns von der Wahrnehmung von Schönheit, so unmoralisch und ungerecht sie auch sein mag, nicht frei machen, wie die Kognitionspsychologie längst bewiesen hat: »*Die Beurteilung der Attraktivität von Menschen ist eine elementare Bewertung. Wir tun dies automatisch, ob wir wollen oder nicht, und es beeinflusst uns.*«[17] Trotzdem nehmen wir Attraktivität sehr unterschiedlich wahr und gewichten sie auch völlig individuell im Gesamtbild, das wir uns von einem anderen Menschen machen.

Die schnelle Einschätzung anderer Menschen war schon immer überlebensnotwendig: Freund oder Feind, Gefahr oder Unterstützung für die eigenen Interessen, Sexualpartner oder Konkurrent. Und ebenfalls wahr ist: Gutaussehende, wohlhabende Menschen sind im Durchschnitt zufriedener mit sich, da sie Ansehen in der Gruppe, der Gesellschaft genießen und viel Bestätigung von außen erhalten. Das schlägt sich im Selbstbild nieder – bis hin zu einer besseren Gesundheit. Denn das Erfüllen der gesellschaftlichen Wertevorgaben stabilisiert die Psyche, führt u.a. zu einem als sicher und sinnvoll empfundenen Leben.

Dennoch sind Erfolg und Schönheit nur ein Teil des eigenen Selbstwertes und sie können ggf. bei größeren psychischen Problemen die innere Zufriedenheit trotzdem nicht steigern. Tatsächlich sind es oft gerade Menschen, von denen man denkt: »Die haben doch alles, warum sind sie trotzdem nicht glücklich?«, die keinen

---

[17] D. Kahneman: »*Langsames Denken. Schnelles denken*«, 2012.

passenden Partner und kein Glück finden. Darüber hinaus kennen wir alle – neben den reichen, schönen, unglücklichen Gestalten aus der Klatschpresse – aber auch Menschen, die wir jenseits von Attraktivität und wirtschaftlichem Erfolg hochgradig achten, bewundern und für ihr Wesen, ihre Charakterstärke und ihre Liebenswürdigkeit schätzen. Es muss also noch andere, sehr viel wichtigere Aspekte im Baukasten für ein gesundes Selbstwertgefühl geben, auf denen das Glück in der Liebe ruht.

> *»Als ich ein Teenager war, da war in der Schule das schönste Mädchen in mich verliebt. Aber ich wollte nicht mit ihr zusammen sein, weil sie einen Kopf größer war als ich. Sie war wirklich toll und nett und alles. Und dann war sie plötzlich mit dem größten Vollidioten der ganzen Schule zusammen. Damals habe ich mir geschworen: Du wirst nie wieder eine Frau ablehnen, nur weil sie von ihrem Äußeren irgendwie nicht passt. Zu groß, zu klein, zu alt, zu jung, zu dick, zu dünn – das ist alles völliger Quatsch. Jede Frau hat etwas Schönes und ich suche und erspüre genau das für meine Kunst. Ich arbeite am liebsten mit Laien-Modellen. Wenn die aus sich rauskommen ... Das ist fantastisch, das ist die Essenz von Weiblichkeit. Nur fantasielose Männer stehen auf plakativ-schöne Frauen.«*
> (Augustus, Maler, New York)

Über gutes und schlechtes Verhalten, moralisches Handeln, macht sich die Menschheit seit jeher Gedanken. Das Suchen und Empfinden von Wahrheit und Sinn ist eine zutiefst menschliche Eigenschaft, die Leben gelingen lässt oder zerstören kann. Dem menschlichen Selbstwertgefühl, besonders unserem modernen Selbstbild, liegt das Maß von einem »erfüllten Leben« zugrunde – das sich nicht durch physische Schönheit und sinnlos vorhandenes Geld einstellt. So mischt sich in unsere Bewertung von anderen Menschen nach dem ersten Blick vor allem die moralische Ausrichtung des anderen (Egoist, Altruist etc.). Die Einschätzung seines Charakters, seines Verhaltens, seiner Zuverlässigkeit baut sich dann zu einem »Gefühl« für diesen Menschen aus, den wir am Anfang nur von außen gesehen haben. Im Idealfall ist das dann Liebe, und der Eindruck der äußerlichen Faktoren ist hinter den Gefühlen und den Erfahrungen mit ihm mehr und mehr verblasst.

In einer gesunden Liebesbeziehung ist die Frage nach dem *Marktwert* völlig unpassend. Es gibt auch keine *Konten*, wo die Liebe *eingezahlt* oder *abgehoben* werden kann, die wir mit einem *Dispokredit* überziehen könnten. Und man kann auch keine *Liebes-Zinsen* festsetzen oder einfordern. Wir können Liebe fühlen und leben, aber nicht *gegenrechnen* oder *anhäufen*.

In modernen Beziehungen finden jedoch eine Menge *Aufrechnungen, Investitionen* und *Schuldverschreibungen* statt – nur das Gefühl Liebe wird kaum noch erlebt: Wir sind nicht mehr einfach zusammen, ohne irgendwelche Erwartungen, Ängste, Projekte. Wir leben nicht mehr »einfach nur« das Gefühl für den anderen Menschen – genauso wenig, wie wir unsere Kinder einfach so groß werden lassen. Mittlerweile erscheint diese Vorstellung vom »einfach« gelebten Gefühl der Liebe für viele Paare wie eine Utopie. Aber es ist kein Zustand in ferner Zukunft und auch kein Hexenwerk, sondern sollte die alltägliche Gegenwart in einer Beziehung sein. Wenn wir Liebe sicher auch pflegen und leben müssen, damit sie beständig ist, hat das nichts mit einem mühsamen Kampf zu tun.

Liebe sollte etwas Müheloses sein, die meiste Zeit jedenfalls. Die Zusammengehörigkeit mit dem Partner ist selbstverständlich, ohne dauernde Nachfrage, Beweise, Kontrolle. Trotzdem zeigt man dem anderen gern, dass man ihn liebt. Gute Beziehungen basieren auf einer offenen, positiven Kommunikation, auf einem liebevollen Umgang. Beidseitig! Jeder gibt, was er hat, gern für die Liebe her – ohne aufzurechnen. In gesunden Beziehungen wird gerade deshalb »gleichviel« gegeben. Schwächen und Stärken können glückliche Paare akzeptieren, ohne sie gegeneinander abzuwiegen. Das »große Glück«, auf das man *hinarbeitet*, auf das man wartet, das Lieblosigkeiten entschuldigt, gibt es nicht. Gerne Zeit zusammen zu verbringen – was anfangs so selbstverständlich und einfach geht –, sollte immer die Priorität sein. Dazu braucht man nicht viel Geld und Luxus (auch wenn wirkliche finanzielle Sorgen die Liebe natürlich belasten, weil sie ihr den Raum und die Ruhe nehmen). Die meisten Beziehungen scheitern nicht am finanziellen Notstand.

Wir sollten uns einen Menschen suchen, den wir um seiner selbst willen lieben und der uns ebenso liebt – ohne Gezerre und Dauerstreit, Kontrolle oder Manipulation. Es gibt immer unliebsame Eigenschaften und Macken, die aber bei einer gesunden Liebe sogar liebenswert werden können.

Der Partner ist niemals ein guter Therapeut und man selbst sollte auch umgekehrt die Finger von solch einer »Selbstermächtigung« zum Therapeuten lassen. Denn die eigenen Wunden und Erwartungen ermöglichen keine objektive Einschätzung. Selbst der beste Psychologe würde an seinem eigenen Partner scheitern.

Man kann Krisen nicht bewältigen, indem man den anderen nach den eigenen Vorstellungen verändert (Größenwahn) oder immerzu darauf wartet, dass er endlich Nähe zulässt und sich liebenswert verhält (mangelnder Selbstschutz und unreifes Selbstwertgefühl). Probleme anzusprechen, ohne anzuklagen, zu erzählen, wie es mir selbst mit bestimmten Verhaltensweisen des Partners geht, ist dagegen etwas völlig anderes, als der Wunsch, jemand möge zum Traummann mutieren und ständig seine Liebe unter Beweis stellen. Gerade Männer mit Näheproblemen empfinden oft schon ein normales Gespräch über die Beziehung als Kritik, da sie keine gesunde Art der Kommunikation über sich und ihre Gefühle gelernt haben. Ihr Selbstwert ist daher auch zu niedrig, um einer Kritik offen begegnen zu können, ihren Wahrheitsgehalt abzuwägen oder sich Argumente und Lösungen zu überlegen. So versetzt sie jedes Gespräch in eine (altbekannte)

Ohnmachtssituation: Sie leugnen Probleme aus Hilflosigkeit, weichen aus oder attestieren der Partnerin Unzulänglichkeit und Schuld.

Selbst wenn solche Männer am Ende von ihren Frauen verlassen werden, sind sie nur darauf fixiert, die Mängel der Frau zu benennen und die eigene Überlegenheit gegenüberzustellen – zusammen mit dem völligen Unverständnis, warum sie verlassen wurden, und der Hoffnung, dass die Frau diese »Wahrheit« schon noch erkennen wird.

Dieser Hilflosigkeit liegt die gelernte Ansicht zu Grunde, jede Form der Selbstanalyse und Selbstkritik wäre »weibisch« oder schwach und sinnlos. Meist führt die Kritik an der Partnerin aus Selbstschutz sogar zu einer Verfestigung des Fehlverhaltens. Denn mit Sturheit und Ignoranz haben viele Männer schon einmal den emotionalen Horror ihrer Kindheit, die Gefahren der Liebe zu ihren Eltern überstanden. Während Frauen sich oftmals Kritik zu sehr zu Herzen nehmen und nicht überlegen, ob sie angemessen ist und wer sie aus welchen Gründen ausspricht, ist ihre Kritik am Partner meist vergebliche Liebesmühe: Sie wird nur abgeblockt oder verdrängt. Der richtige Weg ist hier aber nicht der einer verzweifelten Hoffnung, sondern der einer Selbstbefragung: Wie weit kann ich mit den Fehlern des anderen leben? Und: Warum suche ich mir nicht jemanden, der einfach nett zu mir ist? Doch um sich in einen »netten, lieben« Mann zu verlieben, mit einem liebevollen Partner Liebe leben zu können, bedarf es eben vorher einiger großer Schritte in Richtung eines eigenen gesunden Selbstwertgefühls.

## 8. Wie schützt man sich vor »bösen« Männern?

*»Man kann den meisten Frauen so gut was vormachen. Du musst nur die typischen Geschichten erzählen – so was wie: ›Eigentlich will ich Familie ... oder: Ich suche eine Frau, mit*

*der ich mein Geld genießen kann und mit der ich die Welt an-
schauen will.‹ Noch ein Kompliment: ›Du hast so schöne Bla-
blabla ...‹ – und schon hast du sie im Bett. Und dann erzählen
sie meiner Mailbox: ›Du hast aber doch gesagt ...‹ Ein bisschen Selbstkritik an der richtigen Stelle wäre mal angebracht:
›Warum sollte der Typ gerade mit mir eine Familie gründen
wollen? Er kennt mich doch gar nicht.‹ Glauben die, dass ein
tiefer Ausschnitt und der Sex mich dann überzeugen? Das ist
so schwach, warum soll ich da Rücksicht drauf nehmen, wenn
die will, dass ich ihr ihr Leben toll mache. Hallo Mädel, es gibt
Hunderte wie dich, such dir einen netten Typ, der zu dir passt,
Mittelmäßigkeit ist kein Grund zum Schämen. Und damit
meine ich gar nicht das Aussehen. Es ist dieses ›Kleinmäd-
chenhafte‹, was sie so unattraktiv für mich macht. Ich frage
mich immer, warum die das eigentlich nicht lernen oder immer noch hoffen, gerade ihnen würde ein Wunder passieren
und der tolle Supertyp liebt dann nur sie.«*

(Helmut, Ex-Männermodel, Unternehmer, München)

Wir brauchen erhebliches Leid, um unsere psychischen Strukturen zu ändern. Und unsere Gesellschaft gibt, wie schon erwähnt,
Männern weit mehr und länger die Möglichkeit, über wirtschaftlichen Erfolg, sexuelle Eroberungen und jüngere Partnerinnen ihr
Leid schnell wieder zu verdrängen und ihr Selbstwertgefühl von
außen stabilisieren zu lassen.

Männer haben es dafür in der Pubertät und danach erheblich
schwerer, ihr Rollenbild als Mann zu finden. Während bei Frau-
en der Übergang vom Mädchen zur Frau ohne größere Brüche
passiert, müssen Jungs sich völlig neu »erfinden«. Für Frauen gelten kindliche Züge, offen gezeigte Gefühle, das Eingestehen von
Schwächen oder ein verspielter Habitus weiterhin als charmant
und weiblich. Männer müssen dagegen alles Kindliche ablegen,
um als Männer zu gelten: stark sein ohne Schwachstellen, Über-

legenheit zeigen, Durchsetzungskraft und Härte gegen sich selbst und andere lernen. Sie müssen sich ein völlig neues Verhalten aneignen, um sich als Männer voreinander und vor der Gesellschaft zu beweisen. Der Bruch zur Kindheit ist viel größer und geschieht fast übergangslos.

Früher waren in der Gesellschaft viele Bereiche nur für Männer reserviert. Dort konnten sie ihre speziellen männlichen Rollen ein- und ausüben – leider mit dem negativen Nebeneffekt, dass die Frauen vollkommen von Macht und Mitbestimmung ausgeschlossen wurden. Schwachen Männern wäre es noch heute lieber, Frauen in einer gesellschaftlichen und finanziellen Abhängigkeit zu wissen. Denn das Entwickeln von »guter Männlichkeit« ist nicht jedem in die Wiege gelegt, und wie bei allen jungen Menschen (Männern und Frauen) gibt es zu Beginn des Erwachsenendaseins einen starken Orientierungsbedarf – mit einem großen Einfluss von gesellschaftlichen Vorgaben und Idealbildern, an denen sich das eigene Selbstbild und Rollenbild abarbeitet. Im Idealfall finden wir dann bald eine eigene Einstellung dazu, integrieren wertvolle Ansichten und Handlungen ins eigene Selbstverständnis, entlarven Klischees und lassen sie nach und nach hinter uns. Doch je schwächer das Selbstwertgefühl aus der Kindheit hervorgeht, desto länger hält die Psyche an den äußeren Orientierungsmaßstäben fest, desto stärker hofft man mit den offiziellen Idealbildern endlich Stabilität zu finden, ohne dass sie letztlich wirkliche Selbstsicherheit erzeugen.

Gerade weil nach der sexuellen Revolution der 68er alle Männerideale durch ihren jahrhundertelangen Machtmissbrauch an den Frauen so verdächtig wurden, gibt es seit dem Aufbruch in die Gleichberechtigung keine neuen, offiziell anerkannten männlichen Rollenbilder mehr. Dazu kommt, dass Jungs heute, während sie heranwachsen, immer weniger Kontakt haben mit starken männlichen Vorbildern – was nicht zuletzt daran liegt, dass alle Erziehungsberufe schlechtbezahlt, wenig anerkannt und hauptsächlich von Frauen besetzt sind. Viele alleinerziehende Mütter oder aus Karrieregründen abwesende Väter verschärfen diese Situation. Doch gerade Jungs brauchen bei ihrem »großen Sprung« vom Kind zum Mann reale, starke Männer in ihrem Umfeld, die den Heranwachsenden auf dem schwierigeren Weg in ein »gutes Mannsein« zur Seite stehen.

Die überkommenen Versatzstücke alter Männlichkeitsideale haben sich selbstständig gemacht, und so hat sich auf subtile Weise – stark durch die Medien beeinflusst – die mittlerweile nur zu gut bekannte Form der Männlichkeit herausgebildet, die es vorher als Wert nur am Rand der Gesellschaft gab: Im Mittelpunkt heutiger Männlichkeit steht, wie schon erwähnt, das »Macht-Feld« der sexuellen Eroberung und die Vielfalt sexueller Erfahrungen.

»Sexueller Erfolg« ist in der Moderne einer der letzten »Messwerte«, über den Männer sich selbst und anderen explizit ihre Männlichkeit bestätigen. Dabei handelt es sich hier traditionell nicht um ein Männerideal. Im 19. Jahrhundert hätte jeder bessergestellte Mann mit sexuellen Eroberungen, ohne Verantwortungsgefühl, seine Ehre und seinen Ruf zerstört, was man auch in vielen Jane-Austen-Romanen gut nachlesen kann. Gerade wegen des »Gentleman-Charakters« der männlichen Figuren sind derlei Bücher und Verfilmungen ja bei heutigen Frauen wieder so beliebt.

In dem Streben nach sexuellen Eroberungen kommt übrigens, entgegen der weitverbreiteten landläufigen Entschuldigung von Männern, keine biologische Veranlagung zum Zug: Das umfangreiche Verteilen der eigenen Gene ist wohl eine der hartnäckigsten Legenden des männlichen Biologismus. Denn zum Verteilen braucht jeder Mann ja *exklusiv* viele verschiedene Empfängerinnen, womit die Rechnung schon mal nicht aufgeht. Darüber hinaus nützt die »Genverteilung« wenig, wenn der Nachwuchs nicht durch beide Eltern geschützt wird, um später seinerseits die »wertvollen« Gene weitergeben zu können. Es handelt sich hier also vielmehr um eine typische moderne Strategie verunsicherter

Männer, die versuchen, über das Medienideal des sexuell erfolgreichen männlichen Individualisten ihr Selbstbild zu stabilisieren und das von Feminismus und Kommerz angeheizte Machtfeld zwischen den Geschlechtern zurückzuerobern. Die Emanzipationsbewegung hat, wie schon erwähnt, nicht nur die Frauen sexuell befreit, sondern auch die Männer aus ihrer Verantwortung entlassen. Das nutzen die nun aus, und Frauen sind leichte Opfer, da sie leider immer noch auf erhebliche Unterstützung bei der Aufzucht der Kinder angewiesen sind. Gerade deswegen ist für sie das »Gewollt- und Begehrtsein« so wichtig. »Die Eine« zu sein, für die er seine Übermacht und seine Bestätigung durch (sexuelle) Abenteuer aufgibt, ist die maximale Bestätigung des weiblichen Selbstwertgefühls. Deshalb können Männer mit ausdauerndem, unaufdringlichem Werben – wenn sie einer Frau für lange Zeit vermitteln, sie (und nur sie) wirklich zu wollen – diese Frau dazu bringen, auch ihn zu lieben, obwohl sie ihn vielleicht am Anfang gar nicht als Partner ausgesucht hätte. Einer Frau gelingt dieses Kunststück umgekehrt sehr viel seltener und schon gar nicht als große Liebe. Aufmerksamkeit und Sex geben einem Mann einen kurzen Selbstwertpush – besonders wenn er diese Selbstwertbestätigung von außen braucht. Sie bringen ihn aber nicht dazu, sich wirklich emotional einzulassen. Das kann ihr egal sein, wenn sie nicht auf eine lange Bindung hofft, es ist aber sehr kränkend, wenn sie »die Eine« für ihn sein will. Trotzdem hoffen viele Frauen bei ihrer Jagd nach Mr. RIGHT auf ein Wunder und ihre Sehnsucht lässt sie ohne Selbstschutz ins Messer laufen. Er will sie nicht für eine feste Beziehung, zieht aber aus ihrem Bindungswillen und seiner sexuellen Eroberung Bestätigung. Sie dagegen erfährt eine weitere Ablehnung und Verunsicherung. Sex ist deshalb kein gutes Mittel, um einen Mann dauerhaft zu gewinnen.

Frauen können (und müssen!) lernen, auf sich selbst aufzupassen, ihr inneres Kind mit seinen Sehnsüchten an die Hand zu nehmen und vor weiteren Enttäuschungen zu schützen. Männern ein »Arschlochverhalten« vorzuwerfen ist dagegen sinnlos. Genauso wie Frauen sich fragen sollten, warum sie unbedingt einen Mr. RIGHT mit hohem Marktwert wollen, sollten sie auch beobachten, ob er sich wirklich um sie bemüht. Genauso wie Frauen heute mit Lust und ohne Schande »ja« sagen können zu Sex, können sie ohne Lust und Schande »nein« sagen – besonders wenn für sie die Gefahr einer Kränkung besteht, weil sie von einem Mann eine Bindung erhoffen, die dieser offensichtlich nicht zu geben bereit ist. Was nebenbei sicher dauerhaft einen Lerneffekt hätte: Würden bindungsunwillige Männer häufiger einen Korb bekommen oder verlassen, würden sie wohl eher ihr Verhalten ändern als durch die moralischen Anklagen enttäuschter Frauen.

Es ist besonders am Anfang einer Beziehung wichtig, die eigenen Gefühle zu beschützen. Der andere ist ja eigentlich noch ein Fremder; wir kennen seinen Charakter nicht. Vielen Frauen fällt es aber schwer, jemanden langsam kennenzulernen, weil Sehnsucht und Erwartungen schnell die Regie übernehmen. Besonders wenn der Kandidat die alten Vorstellungsbilder vom perfekten Mann weckt, die Hoffnung auf »totale Erfüllung« erneut aufflammen lässt, ist es mit dem Selbstschutz nicht weit her. Doch gerade hier besteht die größte Gefahr, erneut in den Teufelskreis aus Kränkung, schlechtem Selbstwert und Wiedergutmachungshunger hineinzugeraten.

Doch was hindert uns daran, jemanden erst mal besser kennenzulernen? Wir sollten uns die treibende Sehnsucht nach dem neuen »Hoffnungsträger« als kindliche Verunsicherung bewusst machen, als »Fremdbestimmung« – anstatt irgendwelche Manipulationsspiele zu initiieren. (»Gesunde Verliebtheit« führt nicht zu »reißender Unruhe«: Im Gegenteil.)

Nur weil wir heute mit jedermann Sex haben können, müssen wir es nicht auch tun. Viele Frauen hoffen aber über den Sex näher an ihren potentiellen Traummann heranzukommen, ihn damit zu binden. Sie verwechseln sein (kurzes) Begehren mit wirklicher Aufmerksamkeit für ihre Person – und dann wundern sie sich, dass er sie nicht heiraten möchte. Mit etwas Geduld und überlegter Beobachtung, ohne hoffnungsschwangere Verblendung, kann man solche Demütigungen vermeiden: Bindungsunwillige Männer und Nähevermeider verschwinden schnell, wenn sie erst Gefühl zeigen müssen, bevor sie sexuelle Bestätigung erhalten. Das ist dann zwar immer noch traurig, aber bei Weitem nicht mehr so verletzend. Und jemanden langsam kennenzulernen, kann eine sehr schöne Zeit bescheren.

Sicher kann man auch bei der vorsichtigen Annäherung und offener Kommunikation belogen werden oder aus mangelnder Erfahrung das schwache Selbstwertgefühl des Gegenübers nicht sofort erkennen. Auch Beziehungen, die eigentlich gut beginnen, können plötzliche »Fluchtmechanismen« auslösen oder in einem Schwebezustand verbleiben. Auch dann gilt: Wenn ich mich anhaltend unwohl fühle, sollte ich die Sache beenden. Wenn jemand seine Gefühle nur bekennt, weil ich mich entferne, sollte ich ganz das Weite suchen, denn, was auch immer er mir dann aufgrund seiner herausbrechenden Verlustangst schwört: Er wird es niemals ausleben können, wenn seine Angst vor Nähe durch meine Nähe zurückkehrt!

Jedes Leid, gerade auch das Ende einer Hoffnung, hilft, das eigene Wunschbild zu hinterfragen, und man kann im Leben dem Leid nicht entgehen. Es kommt darauf an, daraus die Erkenntnis und Motivation für die eigene Veränderung zu gewinnen – für mehr Selbstschutz und Lebensqualität. Durchgestandenes Leid kann das Selbstwertgefühl heben: »Ich hab es geschafft und ich tue mir das nie wieder an, dazu bin ich mir selbst zu schade!« Leid bedeutet nicht nur Schmerz, sondern ist die einzige Möglichkeit, alte Muster nachhaltig zu verändern. Das bestätigt auch die aktuelle Hirnforschung: Man kann nur durch leidvolle Erfahrungen sein Verhalten so ändern, dass man sich selbst zukünftig vor diesem

Leid bewahrt und durch diese Erfahrung mehr Selbstsicherheit erlangt. Das Hirn braucht den Schmerz, um den großen Aufwand neuer neuronaler Verschaltungen zuzulassen.

In früheren Zeiten haben Eltern mit ihrer Lebenserfahrung das Risiko der falschen Partnerwahl gemindert und versucht, den »richtigen« Partner für ihre Kinder auszusuchen. Auch wenn sie damit manchmal falsch lagen oder die Gefühle der Kinder oft nicht berücksichtigt wurden, waren die jungen Leute von der »Bürde der eigenen Entscheidung« und deren psychologischen Folgen entlastet: Das eigene Unglück war den Umständen der Gesellschaftsregeln und der Stellung der Familie anzulasten, nicht dem eigenen Versagen oder zwanghaften Sehnsüchten. Man konnte sich bei einer Ablehnung oder in einer unglücklichen Verbindung weiterhin auf die »eigene Ehre« berufen, den »pflichtgemäß erfüllten Platz« in der Gesellschaft. Der eigene Wert war nicht in Frage gestellt.

Von der Fremdbestimmung durch gesellschaftliche Standesregeln und Etikette sind Frauen heute durch Pille, Bildung, eigene Berufe und das öffentliche Sozialsystem befreit. Dennoch hat die Fremdbestimmung für Frauen bei der Partnerwahl an sich aber nicht abgenommen. Im Gegenteil: Die Sehnsucht des eigenen inneren Kindes, die Werbung mit ihren falschen Versprechungen oder auch die (immer noch nicht gesellschaftlich anerkannte) Gefahr der Überlastung beim Erziehen von Kindern ohne Partner schränken die angeblich »freie« Wahl ungeheuer ein. Frauen müssen heute ihren Mr. RIGHT selbst suchen, und sich bei ihrer Wahl selber schützen. Sie tragen die alleinige Verantwortung für das daraus entstehende Leid. Falsche, überzogene Hoffnungen, maximale Selbstoptimierung oder Selbstbeherrschung unter der Anleitung von unsinnigen Ratgeberbüchern mit vordergründigen »Psychospielchen« helfen dabei wenig. Offenheit, Ehrlichkeit mit sich selbst, das Aufspüren eigener infantiler Erwartungen und ein wachsendes Selbstwertgefühl sind der einzig wirksame Ausweg – wenn auch kein einfacher.

*»Ach, da muß ich den Klumpen heim tragen, es ist zwar Gold,*
*aber ich kann den Kopf dabei nicht gerad halten, auch drückt*
*mirs auf die Schulter.«»Weißt du was«, sagte der Reiter und*
*hielt an, »wir wollen tauschen: Ich gebe dir mein Pferd, und*
*du gibst mir deinen Klumpen.«»Von Herzen gern«, sprach*
*Hans, »aber ich sage euch, ihr müßt euch damit schleppen.«*
*Der Reiter stieg ab, nahm das Gold, und half dem Hans hin-*
*auf, gab ihm die Zügel fest in die Hände …«*
(Hans im Glück, Märchen nach den Gebrüdern Grimm)

»Lieber eine schlechte Beziehung als gar keine Beziehung« – das
scheint heute der Wahlspruch vieler Frauen zu sein. Während
Männer sich fleißig ihre Hintertürchen einrichten, geben Frauen
ihre utopische Hoffnung auf Veränderung des Partners nicht so
schnell auf. Gerade Zurückweisungen und Demütigungen scheinen sie erst richtig anzuspornen, denn hier greift ein altbekanntes
psychologisches Verhaltensmuster: der Kampf um die Liebe der
überlebenswichtigen Eltern. Wenn Frauen zu viel vom Partner erwarten, geben sie sich gerade deshalb lange mit wenig zufrieden,
denn die Durststrecken sind, genauso wie die Hoffnung, gewohnte
Zustände.

Die in der Schule und in der Wirtschaft so geschätzte Fähigkeit,
auf »Belohnungen« warten zu können, wird den Frauen besonders
in der Liebe zum Verhängnis: Je größer der Traum, desto größer
die Schmerzunempfindlichkeit. Denn wenn sich die fortwährende
Enttäuschung, Wut, Demütigung, Zurückweisung und Abwertung
wirklich einmal emotional entladen würden, dann wäre es mit der
Hoffnung und den unsinnigen Anstrengungen schnell vorbei. Der
Traum vom großen Glück müsste wohl gar nicht mehr so groß
sein, wenn man damit nicht die ständigen Enttäuschungen auf-
wiegen müsste. Wer wahrnimmt, was er wirklich fühlt, was wirklich vor sich geht, fängt an, sich selbst zu schützen. Und wer seine
Gefühle selbst wertschätzt, braucht auch keinen überirdischen Mr.

RIGHT mehr, der das tut und all die schlechten Erfahrungen wiedergutmacht.

Doch die Selbstbefragung nach den Gründen der eigenen Unzufriedenheit ist nicht einfach: Sind die eigenen Ansprüche zu überzogen, weil sie schlechte Erfahrungen ausgleichen sollen? Ist das eigene Selbstwertgefühl so beschädigt, dass es mit Perfektion »repariert« werden soll? Oder sollten wir sogar eher mehr erwarten, jemanden, der uns nicht so schlecht behandelt? Haben wir nicht eigentlich jemanden verdient, der uns wirklich liebt? Der Unterschied zwischen falschen und gesunden Ansprüchen ist fein, aber entscheidend. Oft quälen wir uns lieber weiter, als die Fantasiebilder aufzugeben. Wir wollen die großen Enttäuschungen (alte und neue) nicht als gefühlten Schmerz zulassen. Wir wollen von unseren Wiedergutmachungs-Sehnsüchten nicht ablassen, weil die Trauer uns überwältigen könnte. Doch letztlich können wir uns nur so davon befreien und einen netten Mr. REAL-RIGHT finden.

Trauer ist ein einfaches, schnellüberlesenes Wort. Doch Trauer, die wir nicht fühlen können, die wir um jeden Preis verdrängen wollen, ist der größte Widerstand gegen unser inneres Wachstum, unser Glück. Wir fürchten die Trauer über das uns widerfahrene Leid, wie der Teufel das Weihwasser – und doch liegt in ihr der Schlüssel zur seelischen Heilung.

Unsere Eltern haben sich in unserer Kindheit nicht verändert, egal wie wir uns verhalten haben, wie brav oder fleißig wir waren, wie sehr wir versucht haben, uns ihren Launen und Regeln anzupassen oder dagegen aufzubegehren. Auf Anerkennung und Liebe zu hoffen, hat damals, genauso wie heute, nicht zum Erfolg geführt. Doch die Einsicht, dass das nicht unsere Schuld war, sondern unsere Eltern (zum Teil) schwache, unreife Menschen waren, ist so schmerzhaft, weil wir sie trotz ihrer Fehler so vergötterten. Wieso hat gerade uns das Schicksal zu so unfähigen Eltern geschickt? Hier macht sich eine Art »kindlicher Narzissmus« bemerkbar, der für sich die »beste aller Welten« fordert, aus den gleichen Gründen, aus denen wir auf einen Traumpartner hoffen oder gern anderweitig »auserwählt« wären.

Doch unsere Eltern haben ihre eigene Geschichte, ihr eigenes Leid, ihre eigenen Erfahrungen mit kranker Liebe. Auch sie waren keine »Auserwählten« und haben nur versucht, mit ihren psychischen Beschädigungen ihr Bestes zu geben – was aber oft für eine optimale psychische Entwicklung ihrer Kinder nicht genug war. Und selbst diese Einsicht befreit uns nicht von der Notwendigkeit zu trauern über die Ungerechtigkeit, die uns widerfahren ist, über das Leid, das uns zugefügt wurde. Denn das eigene Wertgefühl ist eine psychische Grundinstanz, die unser Überleben sichert, etwas, das Gerechtigkeitsempfinden und Schmerz gegenüber dem eigenen erlittenen Unrecht hervorbringt und ein Leben lang verhandelt. Wir sind Gruppenwesen, und wir empfinden es als schmerzlich ungerecht, wenn uns unser Dasein in der Gruppe nicht angemessen von den anderen als »gut« bestätigt wird. Aber wir können diese nicht erfolgte Wertschätzung unserer Eltern nicht (mehr) einklagen. Wir können uns nur so erwachsen, eigenverantwortlich und liebevoll uns selbst und anderen gegenüber verhalten, dass uns andere als gute Mitmenschen ansehen und gern tiefe Bindungen mit uns eingehen wollen.

Erst wenn eine Frau von ihrer infantilen Sehnsucht nach Nähe und Bestätigung ablässt und die erwachsenen, starken, selbstverantwortlichen Teile in ihrer Persönlichkeit überwiegen, weil sie sich selbst (evt. unterstützt von einer Therapie) um ihr eigenes inneres, sehnsüchtiges Kind gekümmert hat, wird auch das Distanzstreben auf der Seite von Mr. RIGHT aufhören: Dann erst findet sie »den Richtigen«, einen Mann, der mit Nähe keine Probleme hat. Dann erst nimmt sie ihrem aktuellen Partner die Angst vor einer verschlingenden Verschmelzung – was ihn automatisch näherrücken lässt. Doch dazu muss Mr. RIGHT einer starken Frau seinerseits »gewachsen« sein und sich seinen Verlustängsten stellen, die er hinter seiner Fassade verdrängt. Er muss den Grund für seine Näheflucht ebenfalls durchschauen und seine Ängste dahinter anerkennen. Erst wenn auch er seine fantastischen Idealbilder, sein »Einzelkämpfergehabe«, seine Hoffnung, doch noch eine »Bessere« zu finden, aufgegeben hat, wird er die Bestätigung seines Wertes nicht mehr durch sexuelle Eroberungen und Unabhängigkeit beweisen oder absichern müssen. Eine einzige Frau glücklich zu machen und mit ihr tief verbunden zu sein, ist etwas für starke Männer, die starke Frauen lieben.

Unser Selbstwertgefühl steht im Zentrum aller Probleme mit der Liebe: Da die Liebe die »Königsdisziplin« der Psyche ist, die größte Herausforderung für unser Selbstwertgefühl, unser Selbstbild und unsere Beziehungsfähigkeit, treten hier all unsere psychischen Schwächen so deutlich hervor. Der Traum von der großen Liebe, die »alles gutmacht«, verweist immer auf ein geschwächtes Selbstwertgefühl, auch wenn wir das so schwer für uns annehmen können und als emanzipierte, selbstständige, attraktive, erfolgreiche Frauen (und Männer) vom Gegenteil ausgehen. Doch je mehr wir versuchen, über die Liebe und den Partner diese Schwächen auszugleichen, indem wir mit ihm unser Leben perfekt machen wollen, desto eher wird diese Liebe scheitern und eine weitere Demütigung und Schwächung unseres Selbstwerts ist die Folge. Nur die tiefe Überzeugung vom eigenen »Gut- und Richtigsein« lässt uns über diese reife Selbstliebe gesunde Liebe finden. Wir können das falsche Bild von uns (ursprünglich entstanden in den Augen unserer Eltern) verändern und allen (schwachen) Außenstehenden die Macht über unser Selbstwertgefühl entreißen. Es geht zuallererst um Aufrichtigkeit und das Interesse an uns selbst, Anerkennung für die eigene Person, unabhängig von der dauernden Bestätigung anderer. Es geht bei der Suche nach der Liebe nicht darum, auf den perfekten Mann zu hoffen, sondern ehrliches Gefühl und Respekt vom (potenziellen) Partner für die eigene Person zu erkennen. Es geht darum, sich nicht mehr schlecht behandeln zu lassen, egal wie erfolgreich und gutaussehend der »Traummann« auch ist. Es geht darum, den Gedanken »Oh mein Gott, er will mich!« in »Ich schau mir den Knaben erst mal genauer an« zu verwandeln.

»Wenn man Männer zu sehr will, dann entziehen sie sich sofort«, das ist eine Erfahrung, die viele Frauen machen – und sie ist unabhängig von ihrer Attraktivität. Viele Frauen versuchen daher, ihr »Wollen« zu kontrollieren, anstatt sich zu fragen, warum sie gerade diesen Mann so sehr wollen. Wir können die Fantasien, die wir für unser Leben, für unser Selbstwertgefühl damit verbinden, hinterfragen: Was ist das für ein Mensch, wie verhält er sich, wie moralisch, empathisch, höflich und liebenswert ist er? Warum will ich unbedingt einen attraktiven oder wohlhabenden oder coolen Statusmann, der mir aber nicht das Gefühl gibt, dass er mich liebt und anerkennt? Warum soll er mir den Wert, die Bestätigung geben, die ich mir selbst nicht zutraue? Was hält mich davon ab, mir selbst dieses Wertgefühl, diese Wertschätzung zu verschaffen?

Wer sich selbst an den »offiziellen« kapitalistischen Wertmaßstäben für Menschen orientiert, ist auch von der andauernden Angst bestimmt, nicht (mehr) gut genug zu sein, als mangelhaft und minderwertig bewertet zu werden. Ein überbewerteter Partner führt daher zu ständiger Verlustangst. Warum sollte man sich also (immer wieder) solch eine Abhängigkeit vom Wohlwollen eines Mannes antun? Warum sollte man um seine Liebe kämpfen, in der ständigen Angst, dass er sich eine »Bessere« sucht? Das eigene Selbstwertgefühl und die Lebensqualität werden sicher nicht besser durch Zurückweisungen, ständige Selbstkontrolle, enttäuschte Sehnsucht und Verlustängste, selbst wenn man mit all diesen Selbstzweifeln in einem Palast wohnt und mit Kaviar bewirtet wird. Warum tun sich so viele Frauen selbst genau das an, was sie dem Partner oder den Männern im Allgemeinen immer vorwerfen?

»Während am Anfang einer Beziehung von den Schmetterlingen alles vielleicht Unpassende oder Unschöne weggeflattert wird, schleichen sich im Laufe der Zeit auch kritische Töne in eine Beziehung ein. Wenn ich darüber nachdenke, warum ich mich hinter sturen Gründen versteckt und mit verbaler Härte alle Versuche abgeschmettert habe, offen über Emotionen zu reden, dann war es wohl die Angst vor Nähe. Oder vielmehr die Angst, meinen bis dahin als ›Alles-ist-gut-so-wie-es-ist‹-definierten Raum in Frage zu stellen oder mich gar öffnen zu müssen. Das ging einher mit meiner Unfähigkeit, über mich, uns, Liebe, Sex, Beziehungen etc. zu reden. Für Männer sind vielleicht schon bestimmte Gesprächsdetails oder ein Gespräch überhaupt Konfrontationen. Früher wertete ich dies immer sehr schnell als Angriff auf mich und sah damit auch irgendwie die Beziehung in Frage gestellt. Ich hatte mich daran gewöhnt, dass alles richtig ist, was ich tue: Ich lese die Medien, die meine Meinung am besten bestätigen, ich kaufe immer die gleichen Produkte und sogar die Werbung hat mich jetzt genauestens durchleuchtet und setzt mir vor, was sie als richtig für mich filtert. Und auf Beziehungsportalen selektiere ich auch nur, was ich schon kenne, was mir bislang gefiel und was mir höchstwahrscheinlich meine Ruhe lässt. Vielleicht sind dies die Gründe, warum ich nicht reden wollte. Ich wollte meine Ruhe und damit mein Ego absichern und schützen. Reden mit der Partnerin wird von Männern als Schwäche interpretiert, eingetrichtert durch Erziehung, Gesellschaft, Ideale. Für Männer ist es wichtiger, den Nagel einfach irgendwie in die Wand zu schlagen, als darüber zu reden, wohin oder welche Farbe die Wand besser hätte oder ob der Hammer nicht viel zu groß für den kleinen Nagel ist. Ich bin der Mann. Ich rede nicht, ich mache.«

(Sander, Geschäftsführer, Frankfurt)

Frauen müssen lernen, ihre eigenen Interessen zu schützen und zu vertreten: Nicht nur im Beruf, bei Gehaltsforderungen und auf der Karriereleiter ist ihre größter Feind ihr mangelndes Selbstwertgefühl. Während sich Männer gern überschätzen, ihr Selbstbild häufig sogar überhöht wird von ihrem »Heldenidealbild«, werten sich Frauen im Vergleich dazu sehr oft ab. Eine größere Unabhängigkeit von den offiziellen Maßstäben, besonders von den oft als selbstverständlich hingenommenen Maßregelungen des weiblichen Körpers, wäre hier unbedingt notwendig. Denn hinter dem »Burnout« im Beruf und in der Liebe steht immer die Hoffnung, durch Äußerlichkeiten das eigene Selbstwertgefühl zu heben. Viele Frauen sind es nicht gewohnt, in Konfliktsituationen selbstbewusst ihre Interessen zu vertreten. Dabei reagieren Männer genauso empfindlich auf Kritik – besonders auch auf Kritik an ihrem Körper. Nur wenden sie diese Kritik viel seltener gegen ihr ganzes Selbstbild – im Gegensatz zu Frauen. Es gibt nur wenige Frauen, die wissen, dass ihr Bauch etwas zu dick ist, die sich aber trotzdem denken: »Mir doch egal, ich bin ja sonst ein ganz toller Mensch«. Andererseits gibt es viele Männer, deren Bauch kritisiert wird und die sagen: «Müsste ich vielleicht mal ändern, aber du liebst mich ja trotzdem!«

Je objektiver Frauen ihre Leistung einschätzen, je mehr sie sich selbst wertschätzen, unabhängig von überzogenen Medienbildern sich selbst als gut und liebenswert betrachten, die eigenen Qualitäten achten, desto weniger brauchen sie falsche, unerfüllbare Träume. Doch es reicht leider nicht, die Ursachen des beschädigten Selbstwertgefühls und der Sehnsüchte in der Kindheit auszumachen. Wir müssen das innere Kind nicht nur mit seinem Leid und seinen Sehnsüchten anerkennen, sondern es danach auch erwachsen werden lassen. Und das ist viel unbequemer und anstrengender als zu träumen. Doch gerade das Idealbild eines Mr. RIGHT als Beschützer, Versorger und »Selbstwertheiler« ist der größte Feind wirklicher Stärke. Dieser Traum versklavt Frauen in ihren eigenen Minderwertigkeitsgefühlen.

Wenn mein Interesse an einem Mann »plötzlich« zunimmt, weil ich sehe, was für ein Auto er fährt, weil ich erfahre, dass er wohlhabend ist (oder ein erfolgreicher Musiker, ein cooler Fotograf, ein belesener Adelsspross), weil er mir ein paar Komplimente zugesteht, weil ich plötzlich etwas erkenne an ihm, was ihn meinem Traumbild ähnlicher macht, ist das ein sicheres Zeichen für eine aufflammende infantile Hoffnung: Ich will über seinen Status Zuwendung und Anerkennung bekommen. Es ist diese Verwechslung der Werte in der Liebe, die uns unglücklich macht. Das zu merken, kann manchmal Jahre dauern und auch noch nach der »erfolgreichen« Eheschließung erfolgen. »Liebe dich selbst« hat nichts zu tun mit: »Ich will für mich das Beste«, sondern mit »Ich setze mich den Demütigungen der kapitalistischen Werteordnung und schlechtem (männlichen) Benehmen nicht mehr aus«.

*»Meistens lasse ich meine beste Freundin die SMS schreiben, wenn ich an einem Mann wirklich interessiert bin. Die hat mehr Abstand und ist daher cooler und witziger. Ich versuche viel zu sehr, zwischen den Zeilen zu lesen, und lege jedes Wort auf die Goldwaage.«*
(Susanne, Coach, München)

Viele Frauen haben zu kritische Mütter und zu unkritische Freundinnen. Erstere kritisieren aus ihrem eigenen Minderwertigkeitsgefühl heraus besonders gern ihre Töchter und drängen auf mehr Leistung, teils um sich mit dem Erfolg des Nachwuchses zu identifizieren – teils weil sie sich genau davon auch bedroht fühlen. Dagegen stimmen Freundinnen viel zu schnell in die Schuldzuweisungen gegen die Männer ein, ohne zu hinterfragen, warum sich die Frau eigentlich so ein »Arschloch« ausgesucht hat und was wohl ihre eigenen Schwächen in diesem Kampf der Liebe sind. Doch wenn die Schuld pauschal bei den »triebgesteuerten«, schwachen Männern liegt, muss man auch seine eigenen Erwartungen und Verhaltensweisen nicht hinterfragen ...

Wir sollten für die Eigenanalyse also besser eine ehrlichere, unabhängigere Instanz aufsuchen, um die eigenen Anteile am Unglück objektiv zu erfassen: Was sind meine überzogenen Erwartungen, meine Schwächen, was kann ich selbst erreichen, welche meiner Wünsche sind unrealistisch? Soll ich um eine Liebe kämpfen oder soll ich lieber mal allein bleiben und mir dabei meine eigenen Ängste anschauen?

Es geht bei der Liebe immer nur darum, ob uns jemand mit Respekt und Wohlwollen begegnet anstatt mit Ansprüchen, Kränkungen und Vorwürfen. Kommentare wie »Du bist so eine hübsche Frau, da verdienst du doch etwas Besseres«, sind nicht besonders hilfreich. Das Glück kümmert sich wenig um unser Aussehen, die Zeit sowieso nicht. Diese Äußerlichkeiten hindern uns mehr als alles andere, unsere unrealistischen Erwartungen, aber auch eine übertriebene Selbstkritik zu durchschauen.

Nach der »Werteordnung des gesunden Selbstwertgefühls« ist nicht mehr der attraktive, gutverdienende Nähevermeider ein Mr. RIGHT, sondern der Mann, der wirkliche Nähe zulassen kann, die Persönlichkeit seiner Partnerin anerkennt und schätzt, das Positive an ihr wahrnimmt und die Fehler toleriert, die Verantwortung für die Partnerschaft übernimmt und mit ihr sein Leben verbringen möchte: Das ist Mr. REAL-RIGHT. Es könnte allerdings sein, dass er beim Casting für die nächste Davidoff-Werbekampagne nicht antreten möchte und auch nie auf dem Titel des *Time*-Magazins landen wird.

*»Warum es so schwer ist, sich für eine Frau zu entscheiden? Für mich fühlt sich das an wie Beerdigung, wenn ich ehrlich bin.«*
(Joachim, Finanzberater, Monte Carlo)

Frauen werden im Alter zwischen zwanzig und vierzig Jahren permanent der Frage ausgesetzt, ob sie Kinder haben möchten. (Ein sehr positiver Aspekt des Älterwerdens jenseits der vierzig ist übrigens, dass diese Frage und der dazugehörige Druck verschwinden.) Das Bangen um die Zukunft der Gesellschaft scheint dieser das Recht zu geben, Frauen massiv zu beeinflussen oder zu bewerten, sodass sie eigene Gefühle zu dem Thema oft nicht richtig wahrnehmen, verdrängen oder als unzulässig und falsch empfinden. Seltsamerweise werden die männlichen Partner dieser weiblichen Altersgruppe mit dieser Frage in der Öffentlichkeit kaum konfrontiert ... Dabei sind sie eigentlich die einzigen, die ein Recht haben, diese Frage an ihre Partnerinnen zu stellen. Sollten nicht die Männer durch eine öffentliche Diskussion ebenso in die Pflicht genommen werden, sie für sich selbst und im Rahmen eines angemessenen Alters zu beantworten?

Es gibt Männer, die wollen eine eigene Familie: Sie suchen ernsthaft nach der »Mutter ihrer Kinder«, mit der sie zusammen diese Verantwortung übernehmen können. Das heißt jedoch nicht, dass sie diesen Plan einfach mit irgendeiner Frau verwirklichen wollen. Umgekehrt lässt sich aber feststellen, dass Männer, die von vornherein mit einem Kinderwunsch zögerlich umgehen, ein Selbstwertgefühl haben, das sich schwertut mit Verantwortung und Bindung. Wenn ein Mann sich selbst als »Draufgänger mit Topmodel« sieht oder immer wieder den Hormonkick sucht, um sich selbst »lebendig« und »als Mann« zu spüren, ist er eine schlechte Wahl für eine funktionierende Partnerschaft.

Warum sollte man sich als Frau mit Kinderwunsch also einen solchen Wackelkandidaten antun? Genauso sinnlos ist es, zu Beginn einer Beziehung so zu tun, als wolle man keine feste Bindung oder eine Familie, wenn man genau das eigentlich sucht. So falsch es ist, mit all seiner Sehnsucht und Hoffnung einen Fremden zu überschütten, so unsinnig ist es, ihm ein falsches Gesicht zu zeigen. Trifft man auf einen Mann, den der Wunsch nach einer Familie verschreckt, kann er vielleicht erst mal mit einer Lüge gewonnen werden. Doch selbst wenn sogar noch eine Heirat und Kinder durch psychologisches Taktieren »erschlichen« werden können, sind mit einem solchen Mann Nähe und vertrauensvolle Liebe schwer zu erleben: Fluchttüren wird er nicht allein in seiner Fantasie installieren – und man ist ja nicht nur bis zum Ende der Flitterwochen verheiratet, sondern bis zum Ende des Lebens (was der eigentliche Sinn der Sache ist, aber leider oft von Frauen in ihrer Sehnsucht nach »bestätigender Romantik« oder in »Torschlusspanik« vergessen wird).

Darüber hinaus ist es auch interessant nachzufragen, warum Männer sich eine Familie so selten zutrauen. Ist bei Frauen die nach wie vor schwerwiegende Unvereinbarkeit mit der Karriere der stärkste Grund für die Kinderlosigkeit, so galt dieser Faktor ja noch nie für Männer.

Es ist doch recht seltsam, dass sich bisher kaum jemand um eine wirkliche Antwort auf diese Frage bemüht hat. Also: Warum tun sich die Männer unserer Gesellschaft, besonders die der Mittelschicht zwischen zwanzig und vierzig, so schwer mit der Kinderfrage? Werden sie durch Kinder und Familie »entmannt«? Was für ein Bild haben wir vom normalen Mittelschichtsmann als Familienvater jenseits der Werbebilder vom Konzernchef, der seinem Sohn seine teure Uhr und das Unternehmen vermacht?

Tatsache ist: »Alte« Väter tun Kindern nicht gut. Und alt meint hier: Beginnende Vaterschaft ab Mitte vierzig. Wenn diese Kinder die Schule verlassen, werden ihre Väter Rentner und fast siebzig Jahre alt sein – mit den dazugehörigen Krankheitsstatistiken und der Belastung ständig steigender Ausbildungskosten, um ihren Kindern eine gute Chance auf eine Zukunft zu gewähren. Leider wird diese einfache Rechnung von bindungsunwilligen Männern, die die eigene Familienplanung so lange wie möglich offenhalten wollen, meist verdrängt. Immer weniger Männer legen sich im Alter von fünfundzwanzig bis fünfunddreißig auf die eindeutige Aussage fest: »Ja, ich will Kinder und ja, soweit wir uns kennen, kann ich mir das mit dir vorstellen.« Männer die sich zu solchen Aussagen bekennen, haben alle eines gemeinsam: Ein Selbstwertgefühl, dass sich zutraut, mit einer einzigen Frau glücklich zu werden und die Verantwortung für Kinder und eine lebenslange Liebe zu übernehmen. Wenn eine Frau Familie haben möchte, sollte sie nach so einem Mann Ausschau halten. Aus Angst vor Zurückweisung so zu tun, als wüsste man noch nicht genau, ob man Kinder will, obwohl man es doch weiß und sich diese Frage altersbedingt auf jeden Fall stellt, ist der sicherste Weg, an den falschen Mann zu geraten, der wegen seiner eigenen Ängste ebenfalls »eine Show spielt«.

Wenn Männer keine Kinder wollen, dann sollen sie das sagen. Wenn sie eine Frau belügen, belasten sie mit diesem unmoralischen Verhalten ihr eigenes Wertgefühl und Selbstbild. Das mag altmodisch klingen, doch letztlich stehen wir uns auch heute immer noch als Menschen gegenüber, die einander anhand ihres Verhaltens und ihrer Charakterstärke beurteilen – und massives Fehlverhalten lässt sich selten dauerhaft kaschieren oder ohne Konsequenzen weiterleben. Wenn Männer lügen und betrügen, wird sich das irgendwann gegen sie selbst wenden. Denn wer keine tiefen Bindungen pflegen kann, bleibt letzten Endes allein.

Wenn ein Mann glaubt, die »beste aller Frauen« sei gerade gut genug für seine »echten Gefühle«, hat er eine narzisstische Störung und irgendwann sicher auch ein Problem mit der Realität und seinem Leben. Wenn eine Frau glaubt, sie könne mit einer Selbstinszenierung einen gutaussehenden Versorger als große Liebe gewinnen, darf sie sich nicht wundern, wenn dieser Mr. RIGHT sich nicht verpflichtet fühlt, diese infantile Sehnsucht zu befriedigt. Vor sich selbst kann man seine eigenen Schwächen nicht dauerhaft verleugnen. Die »Rechnung« wird jedoch oft erst serviert, wenn wir älter werden.

*»Wissen Sie, ich hab die Frauen dann hier vor mir sitzen, völlig verzweifelt, wenn ihnen klarwird, der Traummann ist zum*

*Alptraum geworden, zahlt nur das Nötigste für die Kinder,*
*weil er keine Lust hat oder schon eine neue Frau schwanger*
*von ihm ist. Und dann sagen sie mir: ›Aber Frau Richterin, es*
*war doch abgesprochen, dass ich bei den Kindern bleibe, er hat*
*doch auch viel mehr verdient‹. Nur das ihnen das dann nichts*
*mehr nützt, wenn die Liebe vorbei ist. Und die eigene Karriere*
*ist auch futsch, wenn man länger ausgesetzt hat. Der schöne*
*Lebensabend mit dem Partner, nach dick und dünn und wie*
*man sich das alles Mal so vorgesellt hat – alles dahin ...*
*Daran ist auch die deutsche Politik mitschuldig, mit ihrem*
*falschen konservativen Familienbild: Frauen, bleibt jahrelang*
*bei euren Kindern ... So ein Quatsch!*
*Selbst wenn das ganze Gehalt der Frau für eine gute Kinder-*
*betreuung draufgeht und man den Steuervorteil in den Wind*
*schießt: Die Kinder werden ja größer, und was ist, wenn sie*
*einen nicht mehr brauchen? Und wissen Sie, wie oft ich von*
*Männern schon gehört habe: ›Wir haben uns unterschiedlich*
*entwickelt. Meine Frau hatte nur noch die Kinder im Kopf, ist*
*völlig stehengeblieben ...‹*
*Ich habe selbst drei Kinder und wäre nie auf die Idee gekom-*
*men, deswegen nicht mehr weiterzuarbeiten. Aber ich habe*
*das Elend auch jeden Tag hier vor mir sitzen.«*
(Annabell, Familienrichterin, München)

Keine Frau sollte erwarten, dass ihr Traummann die Verantwortung
eines alleinigen Familienernährers trägt. Selbst wenn er das so will, ist
es für Frauen aus psychologischer, sozialer und ökonomischer Sicht
völlig unratsam, den eigenen Beruf aufzugeben. Auch das Argument,
es sei »besser für die Kinder«, wenn die Mutter möglichst lange bei
ihnen bleibt, ist durch mehrere Studien längst widerlegt worden. Und
der Blick ins Europäische Ausland mit selbstverständlicher frühzeiti-
ger Kinderbetreuung beweist, dass Kinder oft sogar von guter profes-
sioneller Betreuung profitieren – gerade auch schon im Kleinkind-

alter.[18] Hier sollte man zur Not auch privat mehr Geld investieren, denn es geht ja um die eigene Zukunft *und* die der Kinder. Es handelt sich um eine begrenzte Zeit, ein paar Jahre, die aber das eigene Schicksal und das der ganzen Familie grundlegend entscheiden können.

Man kann seinen Partner durchaus fragen – auch schon am Beginn einer Beziehung –, wie er sich so einen Familienalltag, einen Haushalt und die Arbeits- und Verantwortungsteilung vorstellt. Vielleicht kommt Frau sich dann in dieser Diskussion auch selbst noch »auf die Schliche«, unter welchen Gesichtspunkten sie diese Herausforderung nicht richtig durchdacht hat, unzulässigen Versorgungsansprüchen oder konservativen, überkommenen Vorstellungen anhängt. Wer das unromantisch findet, sollte wissen, dass eine Liebe, in der man über die pragmatische Organisation seiner gemeinsamen Zeit oder die gegenseitigen Erwartungen nicht reden kann, immer eine gefährdete Liebe ist. Selbst ein Ehevertrag bedeutet nicht »am Anfang schon das Ende zu erwägen« (was übrigens ein typisches Argument für die »stille Sehnsucht nach Versorgung« vieler Frauen ist.) Tatsächlich schließen Frauen mit eigenem Vermögen fast immer einen Ehevertrag, wenn der Mann nicht wohlhabender ist als sie selbst. Vielmehr vermeidet man mit einer offenen Aussprache über die Finanzlage in späteren Beziehungskrisen deren Verschärfung durch finanzielle Abhängigkeiten. Es gilt hierbei die »psycho-logische« Grundregel: Frauen ohne (geheime) Versorgungsansprüche finden Männer ohne Näheangst.

Offene Absprachen sind immer ein Schutz für Beziehungen und das Glück der Kinder, die am besten in einer funktionierenden Ehe aufgehoben sind. Außerdem ist so ein ehrlicher Austausch über eine grundsätzliche Lebensplanung auch eine gute Gelegenheit, sich und den Partner mit allen Hoffnungen und Einstellungen wirklich kennenzulernen.

---

[18.] T. Havnes, M. Mogstad: »*No Child Left Behind: Subsidized Child Care and Children's Long-Run Outcomes*«, 2011 (aktuellste Studie zu dem Thema, Universität Oslo, University College London).

Die feministische Befreiung der Frauen ist kein einseitiges Programm: Berufstätigkeit, eigene Rente und Absicherung sind nicht nur Rechte, sondern auch Pflichten. Freiheit geht einher mit der Auflage, für sich selbst Verantwortung zu übernehmen. Und wenn der Arbeitgeber nicht darauf Rücksicht nimmt oder überzogene Leistungsansprüche stellt, ist es nicht die Aufgabe eines Mr. RIGHT, an diesem persönlichen Unglück etwas zu ändern. Überdies weist die traurige emotionale und finanzielle Bilanz vieler geschiedener Frauen, die ihre eigene Karriere für die Familie aufgegeben haben, deutlich darauf hin, dass es für sie wichtig ist, finanziell unabhängig zu bleiben: Liebe ist als »Frauenkarriere« weder klug noch rentabel.

Diese Selbstschutzregeln hören sich einfach und klar an: Ihre Wahrhaftigkeit, die Richtigkeit einer solchen inneren Einstellung sind überzeugend und offensichtlich – aber doch sehr schwer umzusetzen. Das liegt an unserem eigenen Selbstwertgefühl, an unserem inneren Kind, das nicht bereit ist, seine Erwartungen aufzugeben. Es will trotz all dem Leid, das es verursacht, an den Träumen und Projektionen festhalten, die einen Mann schnell »vom Frosch zum Prinzen verblenden«. Das ist kurzfristig einfacher, tröstender und hoffnungsvoller, als der mühsame Weg zu einem eigenen stabilen Selbstwertgefühl.

Schaffen wir es vielleicht noch, mit den Standartfloskeln aus den Internetportalen – »Humor, gemeinsame Interessen und Rotwein vorm Kamin« – andere zu täuschen und emotionale Tiefe und das »Talent zur Bindung« zu suggerieren, sollten wir uns doch immerhin selbst unsere kommerziellen Sehnsüchte und ihr wiederholtes Scheitern eingestehen und uns fragen: Falle ich auf einen Werbetraum herein, glaube ich den falschen Versprechungen der Bestsellergeschichten und Boulevardmagazine? Sehe ich einen Mann, wie er ist, oder doch vielmehr, wie ich ihn mir wünsche – um dann von ihm enttäuscht zu sein, wenn ich erkenne, dass meine Projektionen nicht der Realität entsprechen?

Wir wissen alle genau, dass eine Fixierung auf Äußerlichkeiten schwach und falsch ist. Trotzdem glauben wir weiter daran, dass unser Leben und wir selbst »wertvoller« werden durch Status und körperliche Perfektion. Doch dieser Glaube, der unser Selbstwertgefühl nur notdürftig zusammenflickt, schadet uns, setzt unser wirkliches Glück aufs Spiel. Was wir gern mit einem »Ja, ja, ich weiß« oder »Ich bin halt so« entschuldigen, stiehlt unsere Lebenszeit und unser Glück, lässt uns nach den falschen Menschen suchen und an ihnen festhalten. Unsere (kommerziellen) Träume zerstören unsere Leben, und leider ist das kein Luxusproblem der Moderne oder eine überzogene Dramatisierung: Unser Selbstwertgefühl ist die Grundlage für ein selbstbestimmtes Leben und all die höheren Ziele (Liebe, Moral, Glück), die wir als wertvoll und sinnstiftend erkannt haben.

*»Ich wollte unbedingt schwanger werden. Ab dreißig haben meine Hormone mir das diktiert oder vielleicht das Gefühl, es müsse jetzt was passieren, sich was ändern, besser werden. Aber dann saß ich in der Falle. Ich war mit dem Vater von meinem Sohn schon lange zusammen und wir hatten Probleme. Und natürlich hat sich daran nichts geändert, als ich dann endlich schwanger war. Ich habe mich noch während der Schwangerschaft in einen anderen Mann verliebt: Da kam dieser Traumtyp daher – gebildet, tolle Wohnung, konnte kochen, immer gut gekleidet, keiner, der ständig Fußball schaut. Nach der Geburt von meinem Sohn habe ich meinen Freund verlassen und bin zu dem anderen gezogen. Ist natürlich schiefgegangen. Alltag mit Baby ist nicht so schick. Und dann stand ich da – allein mit Kind. Das war erst mal der totale Schock. Aber seltsamerweise habe ich im Lauf der Zeit gemerkt, was ich alles kann und wie hilfsbereit andere Menschen sein können, wenn man ganz am Boden ist. Menschen, von denen man das nie erwartet hätte. Für sein Kind fängt*

*man ja an zu kämpfen, auch wenn man sich vorher bestimm-*
*te Dinge gar nicht zugetraut hat oder immer dachte, das sei*
*doch die Aufgabe des Mannes ... Ich habe jetzt einen Job, der*
*mir Spaß macht, zum Glück in der Nähe meiner Wohnung,*
*und meine Mutter hilft mir bei der Kinderbetreuung. Und*
*mein Sohn ist ein Geschenk, mein Geschenk.«*

(Anna, Galeristin, Berlin)

Auch wenn diese Aufgabe viele Frauen an die Grenze ihrer Kräfte
bringt, ist es heute möglich, ein Kind ohne Mann großzuziehen.
Die Erwartungen an den »geliebten« Mann als Vater und Versorger, als »Quelle des Glücks«, belastet jede Liebe von vorneherein.
Selbst wenn ein Mann dennoch »seinen Mann steht«, über viele
Jahre hinweg, als Vater und Partner, ist eine hohe Erwartungshal-
tung an den gewünschten Lebensstandard und sein »Naturtalent«
bei der Kindererziehung (gefühls-)erschlagend. Frauen bewahren
sich vor Enttäuschungen und Verlust, indem sie ab einem Alter
von Mitte dreißig die Möglichkeit in Betracht ziehen, Liebe und
Elternschaft zu entkoppeln. Sie sollten den Kinderwunsch mindestens als Plan B für sich allein angehen – mit Netzwerken, pas-
sender Jobsuche, Unterstützungsforderungen beim Arbeitgeber,
Staat und Verwandtschaft. Denn selbst wenn ein Mr. RIGHT »last
minute« doch noch zur Familiengründung bereit ist, bleiben Kinder der Beziehungskiller Nummer eins. Und es gibt nichts Schlim-
meres, als eine lieblose Partnerschaft mit einem Mann, der Frau
und/oder Kinder nur als Belastung sieht.

Unabhängigkeit mit einem starken, gesunden Selbstwertgefühl
und der Wille zur Eigenverantwortung sind etwas völlig anderes
als Pseudo-Unabhängigkeit, Nähevermeidung und die Realitäts-
flucht in den Traum vom perfekten Partner. Frauen brauchen heute keinen Mann mehr, wenn sie bereit sind, sich mit ihrem Kinderwunsch allein einzurichten. (Viele müssen es ohnehin unfreiwillig
tun.) Es ist auf jeden Fall besser und wirksamer, diesen Wunsch

für sich zu realisieren, als ihn mit einem Mann weiterzuverfolgen, der diesen Traum nicht teilt. Das sollte man sich selbst und seinen Kindern in keinem Fall antun.

Immerhin: Die Hälfte aller Ehen hält – was oft vergessen wird –, und einige davon sind sogar glücklich. Es gibt Männer, die lieben ihre Frauen, und es gibt Frauen, die sind glücklich damit. Das sind Männer, die ihre Sexualität nicht trennen von der Verantwortung für die Gefühle von Frauen, für die Männlichkeit und leidenschaftliche Liebe mit einer einzigen Frau keine Gegensätze sind; für die Begehren und feste Bindung sich nicht widersprechen. Das sind Frauen, die nicht nach Männern suchen, die durch ihren Status dem eigenen Leben Sinn geben sollen. Es sind Menschen, die sich auf selbstvergessene Weise auf ihre Gefühle zum anderen einlassen, ohne eine *Kostennutzenrechnung* aufzumachen.

# Kapitel 2:
# Das A(na), B(ella), C(arry) moderner Frauen-Träume.
# Ein Deutungsversuch

Frauen mögen fantasievollen Sex mit gutaussehenden, erfolgreichen Männern. Was für eine Überraschung!

Seitdem die Trilogie *Shades of Grey* der Autorin E.L. James alle Verkaufsrekorde des Buchmarktes gebrochen hat, versucht das Feuilleton der westlichen Welt, sich diesen Erfolg zu erklären: Warum lesen emanzipierte Frauen (mit und ohne Küche, Kinder und Karriere), die für Gleichberechtigung und Selbstständigkeit einstehen, plötzlich dicke Schmöker über sexuelle Unterwerfung? Alle bisherigen Deutungsversuche – von Schuldgefühlen, die Frauen angeblich wegen der eigenen Emanzipation plagen (*Newsweek*), über die Behauptung »Porno ist jetzt Mainstream« (*Spiegel-Online*), bis hin zu Max Weber und die »puritanische Tradition« in der Wirtschaftskrise (*Die Zeit*) – zeigen in erster Linie nur die Hilflosigkeit, dem Phänomen auf die Schliche zu kommen. Des Weiteren verweisen sie auf die Allgegenwärtigkeit eines politisch korrekten Denkens, das auch hier seine Vormachtstellung zu behaupten versucht.

Das tiefe Eintauchen von erwachsenen modernen Frauen in schlüpfrige Sexszenarien (auf über 1800 Seiten), der »Rausch« dieser Fantasiewelt, scheint schwer fassbar. Und all diese erfahrungsfremden, moralinsauren Erklärungsversuche machen nur allzu deutlich, wie wenig die intimen emotionalen Sehnsüchte der Leserinnen verstanden werden. Natürlich blieben Verunglimpfungen der *Shades of Grey*-Trilogie als »Mom's Porn« oder »Hühnergeschreibsel« nicht aus: Was man nicht erklären kann und dem gängigen Wertekanon so massiv entgegensteht, wird einfach als minderwertige Literatur und »Weiberkram« abgehakt.

Von jeher konnte sich jeder Autor der allgemeinen Aufmerksamkeit sicher sein, wenn er freizügige Sexpraktiken von Frauen ausführlich und bildhaft beschrieb. Die Liste der Vorläufer ist lang und reicht vom »Schutzheiligen« der literarischen sexuellen Exzesse – Marquis de Sade – über die Erlebnisse der *Fanny Hill*, *Die Geschichte der O*. oder *Das sexuelle Leben der Catherine M.* bis in unsere Gegenwart zu eben jener Ana aus *Shades of Grey*, die sich jungfräulich in einen attraktiven Milliardär verliebt, der eine S/M-Folterkammer besitzt und eine Bindungsstörung hat – auch jenseits der Handschellen.

Man kann sich quasi sicher sein: Wenn man irgendeinen Buchstaben des Alphabets als Synonym für einen Frauennamen nimmt und die Heldin durch einen exzessiven, erotischen Erlebnispark schickt, wird sich zwangsläufig die Rezipientenwelt auf dieses Werk fokussieren – einschließlich moralischem Aufschrei und späterem Verkauf von Filmrechten.

Als emanzipierte Frau kann man zunächst mal nur überrascht sein, dass sich überhaupt noch jemand wundert darüber, dass Frauen eine eigene, selbstbestimmte, variantenreiche Sexinszenierung interessant finden – oder sogar selbst erleben wollen. Weibliche Vorstellungen von gutem Sex haben wenig zu tun mit den gängigen männlichen Sexfantasien der Pornoindustrie. Auch das ist schon länger bekannt. Warum ist es nur für unsere Kultur immer noch so schwer hinzunehmen, dass eigenwillige Erotikwelten wie die der Ana in *Shades of Grey* millionenfach Frauenträume spiegeln, ohne gleich einen Sittenverfall heraufzubeschwören? Schließlich kaufen Männer weltweit völlig unbehelligt jeden Monat den Playboy – und das eben nicht nur wegen der guten Reportagen. Sie laden sich täglich Tausende von Sexfilmen aus dem Internet herunter, die in ihrer Dramaturgie und Wortwahl wenig variieren, und niemand hinterfragt deshalb ihren Anspruch oder gar ihre Rolle in der modernen Welt. Anscheinend ruft die weibliche Sexualität, jenseits der Löffelchenstellung, immer noch Sittenwächter sämtlicher Couleur auf den Plan, sobald sie sich als Hardcover öffentlich zeigt. So hofft und wartet man bisher vergeblich darauf, dass die Tatsache, dass Frauen wilden Sex mögen, doch endlich zum allgemeingültigen Selbstverständnis werde, bevor die Autoren mit ihren sexuellen Abenteuern der As und Os am Ende des Alphabets angekommen sind.

Dabei handelt es sich bei dem Phänomen *Shades of Grey* wohl weniger um einen Tabubruch in Zeiten der Emanzipation, als vielmehr um das hoffentlich letzte Gefecht im Kampf um eine selbstverständliche, selbstbestimmte weibliche Sexualität: die Befreiung vom Diktat männlicher Vorgaben, aber auch von denen des Feminismus und der Political Correctness. Letztere haben der Emanzipation sicher über lange Strecken einen großen Dienst erwiesen, doch laufen sie seit einiger Zeit Gefahr, sich in ihr Gegenteil zu verkehren. Das betrifft nicht nur die weibliche Sexualität, sondern das Bild von der leistungsstarken, emanzipierten Frau im Allgemeinen. Denn gerade die sexuelle Fantasie von Unterwerfung und Kontrollabgabe und der Wunsch nach einem dominanten, sehr männlichen Mr. Perfekt resultieren auch aus den überhohen Ansprüchen, die die Emanzipationsbewegung im Einklang mit dem Kapitalismus heute an die Frauen stellt (siehe voriges Kapitel).

Der interessante Aspekt bei dem Phänomen *Shades of Grey* ist deshalb eigentlich nicht der Sex, sondern die universale Sehnsucht nach einem Mann, der auch jenseits der Fesselspiele und BDSM-Praktiken als dominanter, umsorgender Seelentröster und Leistungsträger beschrieben wird. (Ich werde hier nicht mehr erklären, was BDSM bedeutet, denn es wurde wirklich in jedem Artikel von der *Bild*-Zeitung bis zum *Spiegel*, von der *New York Times* bis zur *Gala* genauestens wiedergegeben – als würde dieser Fachjargon allein schon dem voyeuristischen Leser seine höchsteigene

Lust bereiten, nämlich die des sicheren Blickes von außen auf eine extravagante, sexuelle Handlung, der immer noch etwas »Verbotenes« anhängt.) Das Spannende und Untersuchenswerte an dieser Geschichte und ihren zahlreichen Vorläufern, die in den letzten Jahren ähnliche Begeisterungsstürme auslösten – bei jungen emanzipierten Großstadtsinglefrauen im alltäglichen Bürostress und mittelalten, verheirateten Kleinstadtfrauen im stressigen Familienalltag –, sind die fast identisch angelegten Charaktere der weiblichen Hauptfiguren und die immer gleiche Figurenkonstruktion des Mr. RIGHT!

Träume vom idealen Mann gibt es, seit sich Menschen Märchen erzählen. Auch in den Anfängen unserer narrativen Kultur war der sprichwörtliche Prinz schon von »angenehmer äußerer Gestalt«, mit weißem Pferd, Goldschätzen und Schloss gesegnet. Um seine schöne Prinzessin auf selbiges am Ende heimführen zu können, mussten zumeist beide schwere Prüfungen bestehen, durch die sie heranreiften und Erkenntnisse über »das Wichtige im Leben« gewannen. Sie mussten sich gegen »dunkle Mächte« zur Wehr setzen, um dann glücklich bis an ihr Lebensende vereint zu sein.

Bezeichnenderweise ist das Märchen vom Aschenputtel die bis heute am häufigsten, in immer neuen Varianten erzählte Geschichte: Ein unscheinbares Mädchen bekommt am Ende den schönen Prinzen – gegen alle Widerstände.

Die moderne Vorstellung von einem »Prinzen« beginnt in der Romantik mit Mr. Darcy aus *Stolz und Vorurteil*, der bis heute beliebtesten Männerfigur der Jane-Austen-Bücher. In diesen ersten Frauenromanen von Austen und den Brontë-Schwestern wird die Liebe zusammen mit der Naturerfahrung den gesellschaftlichen Konventionen gegenübergestellt – und die Liebe obsiegt am Ende in ihrer Wahrhaftigkeit. Hier findet sich auch schon die dunkle, abweisende, andere Seite des romantischen Helden, die die weibliche Hauptfigur erst durchdringen muss: Sie bezwingt sie mit ihrer Stärke und Aufrichtigkeit, ihrer Integrität, um am Ende in tiefer Verbundenheit für immer mit ihm vereint und glücklich zu sein.

Und Mr. Darcy hat bereits zwei weitere Eigenschaften, die uns ein ums andere Mal in den magischen Liebesgeschichten der heutigen Zeit begegnen werden: Er ist betontermaßen sehr reich und gutaussehend – also eine glänzende Partie!

Die Liebesgeschichte der *Bridget Jones*, die Schokolade zum Frühstück isst und Tagebuch über ihre Alltags-Katastrophen schreibt, setzte sich dann in der heutigen weiblichen, westlichen Leserschaft erstmals als Bestseller durch. Es ist eine moderne Version von *Stolz und Vorurteil*: Der männliche Protagonist heißt ebenfalls Mr. Darcy, und die Filmrolle wurde sogar mit demselben Hauptdarsteller besetzt wie bei der ursprünglichen BBC-Verfilmung des Austen-Buches – Colin Firth.

Bridget reflektiert tagtäglich, selbstironisch und witzig, ihre Unzulänglichkeiten und versucht, diese endlich loszuwerden, um einen Mann zu bekommen. Sie bemüht sich, den Anforderungen ihres Jobs gerecht zu werden, genauso wie denen ihrer verrückten Eltern – die sich unbedingt einen Mann für sie wünschen. Ihre Freunde helfen ihr dabei, die ständigen Pleiten, Pech und Pannen zu überstehen, und am Ende bekommt sie dafür Mr. RIGHT: den erfolgreichen Rechtsanwalt Mr. Darcy (der Name ist hier Programm). Natürlich erst, nachdem sie und er seine unfreundliche, abweisende Seite und all die »superschicken« Nebenbuhlerinnen überwunden haben. Und er prügelt sich sogar mit einem anderen Traummann (Hugh Grant) um ihre Liebe!

Von nun an war der Siegeszug der durch die Welt stolpernden, selbstzweifelnden, selbstironischen Protagonistinnen auf der Suche nach dem perfekten Mann nicht mehr aufzuhalten. Sie gewinnen als ideale Identifikationsfiguren die Herzen junger, zunehmend auch älterer Frauen, die sich in einer vergleichbaren

Lebenssituation befinden: in einem unperfekten (Liebes-)Leben, das sie mit ihrer eigenen Unzulänglichkeit begründen und aus dem sie von einem »offensichtlichen« Traummann erlöst zu werden hoffen, der sie trotzdem und gerade für ihr Chaos und ihre inneren Werte unhinterfragt liebt. In der Naivität und Unsicherheit der Protagonistin finden die Leserinnen und Zuschauerinnen ihre inneren »kleinen Mädchen« wieder, die in »unschuldiger« Art nach der vorbehaltlosen Liebe und Anerkennung einer überlegenen Vaterfigur und der Erfüllung ihrer Schutz- und Versorgungsbedürfnisse streben. Und das Happy End der Geschichten, das große, immerwährende Glück mit Mr. RIGHT, nährt die Hoffnung all der weiblichen Fans, ihr Lebenstraum von einer »guten Partie«, dem attraktiven Leistungsträger unserer modernen Konsumgesellschaft, könnte und werde doch noch in Erfüllung gehen.

Der erste globale, mehrjährige »Hype«, den eine weibliche Hauptfigur auf der Suche nach Mr. RIGHT ausgelöst hat, war die Fernsehserie *Sex and the City*, die von 1998 bis 2004 überall auf der Welt moderne, junge Frauen mitfiebern ließ. Es wurden internationale Clubs und Webseiten gegründet, mit Tausenden Anhängerinnen: Frauen, die gemeinsam ihre eigene Lebenswelt, samt ihrer Sehnsucht nach dem luxussatten Happy End, in der Serie wiederzufinden glaubten. (*Ally McBeal* war hier schon eine artverwandte Serien-Vorläuferin, doch erst *Sex and the City* ist in das Kulturbewusstsein vorgedrungen, was vor allem daran liegt, dass sich zeitgleich das Internet etablierte, das den Fans erstmals ganz neue Möglichkeiten zur Erweiterung ihrer Traum- und Fanwelt bot.) Carrie, die Hauptfigur aus *Sex and the City*, witzig und erfolgreich, aber auch mädchenhaft und selbstkritisch, schwärmt für Mr. Big, den Mann, der sich ihr immer wieder entzieht und dann doch zurückkommt, am Ende nur sie will und sie allen anderen Frauen – auch all den vielen New Yorker Modelschönheiten – vorzieht.

Mr. Big ist in Carries Worten »*ein absoluter Magnat, absolu-ter Traumtyp und absolut eine Nummer zu groß für mich*«. Sie ist verliebt bis zur Selbstaufgabe und hat andauernd Angst, nicht »*perfekt genug*« für ihn zu sein. Am Ende, nach der Überwindung zahlreicher Verwicklungen und dem zwischenzeitlichen Versuch, mit dem »*warmherzigen, klassisch-amerikanisch netten*« Aiden glücklich zu werden, bekommt sie ihn trotzdem: Mr. RIGHT alias Mr. Big! Der Mann, der alle Frauen haben kann, wählt sie, hei-ratet sie und lässt ihr einen riesigen, begehbaren Kleiderschrank in das gemeinsame Luxusapartment in Manhattan bauen – wo sie nun unbegrenzt ihre vielen Designerschuhe verwahren kann. Aus Aschenputtel ist durch Beharrlichkeit und Erduldung vieler Zurückweisungen eine Prinzessin geworden, die Schuhe (ab 600 Dollar das Paar) waren nicht zu klein (bzw. zu groß), der richtige Prinz führt sie – und nur sie! – heim. Interessant ist hierbei auch, dass die Zuschauerinnen das Ende der Serie, die sie jahrelang durch ihre Leben begleitet hat, erstmals selbst wählen konnten: Es standen vier mehr oder weniger realistische Möglichkeiten zur Auswahl. Mit einer überwältigenden Mehrheit entschieden sich die weiblichen Fans weltweit für das perfekte Glück von Carrie mit Mr. Big, der sie dann im großen Happy-End-Kinofilm zum Trau-altar führte.

Auch Edward, der als Vampir in der *Twilight*-Saga die längste Zeit seiner Lust auf Bellas Blut widerstehen muss und deshalb immer auf Abstand bleibt, lässt am Ende keinen Zweifel daran, dass nur sie das Glück seines unendlichen Lebens ist. Auch er ist reich und sehr gutaussehend. Auch er trägt denselben Vornamen wie eine der be-liebtesten Jane-Austen-Männerfiguren: Edward, der moralisch ein-wandfreie Held aus *Sinn und Sinnlichkeit*. Bella hat ebenfalls große Selbstzweifel, stolpert durch ihr Leben und wundert sich, dass der Mann, den alle Frauen umschwärmen, »ausgerechnet sie will«. Auch hier müssen erst viele Widrigkeiten überwunden werden,

Bella muss der dunklen Macht ihres blutsaugenden Mr. RIGHT standhalten, wird von ihm verlassen, bevor die beiden in Reichtum und ewiger Schönheit für immer glücklich werden können.

Wie dieses immerwährende, perfekte Glück ihrer Meinung nach über die Romantrilogie von Stephanie Meyer hinaus aussieht, haben Tausende Frauen in Internetforen heraufbeschworen. Und auf diese Weise entstand als »Fanliteratur« der neueste und bisher größte Coup weiblicher Liebesfantasie: die Trilogie *Shades of Grey*.

Mr. Grey, der Mr. RIGHT von *Shades of Grey,* ist ebenfalls sehr reich und gutaussehend; ebenso umweht ihn ein dunkles Geheimnis, das eine emotionale Distanz zur Heldin Ana schafft und das zentrale Thema der Geschichte ausmacht. Doch am Ende überwindet auch er, durch ihre »ausdauernde Liebe«, diese abweisende, finstere Seite seines Charakters, die sich in Stimmungsschwankungen und seiner S/M-Obsession zeigt. Die Heldin erringt nach Erniedrigungen, Zurückweisungen und anderer Schmach das große Glück einer symbiotischen, immerwährenden Zweisamkeit.

Und sie alle leben glücklich bis ans Ende ihrer Tage und haben alles: Schönheit, Reichtum, Liebe und neuerdings auch noch guten Sex. Diese Geschichten von der erfolgreichen Suche nach Mr. RIGHT entfalten eine große kollektive Sucht, sodass sie von vielen Leserinnen sogar öffentlich und im Austausch miteinander weitergesponnen werden und so aus diesen heißen Sehnsuchts-Fantasien immer neue Romane entstehen. Was heutige Frauen bewegt, sich mit der selbstzweifelnden weiblichen Hauptfigur dieser Romane zu identifizieren und weltweit vom gleichen kapitalen Mr. RIGHT zu träumen – der ihnen in Aussehen und Erfolg überlegen ist, sie immer wieder von sich stößt und dessen Verlockung hauptsächlich durch eben diese Attraktivität und seinen märchenhaften Reichtum und ein paar gute Manieren definiert sind –, das wurde im vorangegangenen Teil des Buches bereits mehrfach erwähnt: Es ist das absolute »Gewolltwerden«, die hundertprozentige Bestätigung durch einen erfolgreichen Mann, die versorgende Liebe eines solchen »Gottes der Leistungsgesellschaft«, von dem Frauen die Heilung ihres Selbstwertes und den Gewinn eines Lebenssinnes erhoffen in unserer lieblosen Leistungskultur.

Erfolgreiche Geschichten haben immer viel mit der Erfahrungswelt zu tun, in der sie erzählt und verehrt werden. Sie weisen einen typischen grundlegenden Konflikt auf, der die Leser/Zuschauer selbst betrifft, und sie bieten eine befriedigende Lösung an: Genau das macht sie so interessant für die menschliche Psyche, für die emotionalen Konflikte, denen wir selbst bewusst und unbewusst andauernd ausgesetzt sind.

Überall auf der Welt treffen sich Frauen im Namen ihrer Heldinnen, bilden Clubs und Internetportale, um Nachahmungen der beschriebenen Handlungen zu zelebrieren, ihre eigenen Fantasien und Erfahrungen auf der Suche nach Mr. RIGHT auszutauschen. Die Bücher und Filme werden von ihren weiblichen Fans für eine Art »modernes Ritual« verwendet: Es hat den Anschein, als würden sie mit ihrem Kult um diese Serien das eigene Happy End heraufbeschwören wollen, als würden sie hoffen, über ihre Fantasiewelten einen Weg ins Paradies zu finden.

In den Internetforen, die sich um die Geschichten herum gebildet haben, findet man immer wieder die Beschreibung einer tiefen Enttäuschung, eines fast körperlich empfundenen Schmerzes darüber, die eigene Realität nicht verlassen und durch eine Tür oder mittels einer Maschine in diese fiktive Welt von Carrie, Bella, Ana und Mr. Darcy gelangen zu können. Schlechte Laune, Ängste und Alltagsfrust scheinen wie ausgelöscht, solange man sich mit den Geschichten beschäftigt.

Doch um in den modernen Bestsellergeschichten am Ende diejenige zu sein, die den Traummann und das Leben in Luxus bekommt, muss die Protagonistin ihren Mr. RIGHT immer erst von seiner abweisenden, dunklen Seite erlösen, ihn zu dem machen, was sie schon immer in ihm gesehen hat: den großen Liebenden. Nur wenn sie zuerst wegen ihm leidet, wird sie am Ende auch von ihm geliebt und aus ihrem eigenen unperfekten, überfordernden Leben befreit. Am Ende, nach all den Anstrengungen und Zurückweisungen, winken die totale Bedürfnisbefriedigung und tiefe, immerwährende Liebe und Bestätigung.

Dieses finale Glücksversprechen macht die Magie der modernen Bestsellergeschichten aus. Selbstzweifel, überfordernde Leistungsansprüche und ständige Reflexion über die eigene fehlende Perfektion, dazu die Zurückweisungen oder der mangelnde Bindungswille des Mannes, den die Frau für sich als Mr. RIGHT auserkoren hat, der aber keine wirkliche Nähe zulässt: All das Elend wandelt sich durch Durchhaltevermögen und aktive »Überzeugungsarbeit« doch noch in die große Liebe mit dem perfekten Mann, der einem dann den Himmel auf Erden bereitet.

Leider zeigen die Geschichten ein Happy End, das es gerade für Menschen mit Bindungsproblemen, typischen Nähe-Distanz-Konflikten (dem am weitesten verbreiteten Problem in modernen Paarbeziehungen), so nicht geben kann. Die bedingungslose Bejahung, die hundertprozentige emotionale Bestätigung, das absolute Gewollt- und Begehrtsein der weiblichen Hauptfigur (als finaler Erfolg ihres Kampfes für die Liebe), all das, was Frauen so fasziniert, ja süchtig macht nach dieser Form der Literatur, gibt es in der Realität nicht – und schon gar nicht von Männern, die ein Problem damit haben, sich richtig einzulassen. Eine plötzliche Heilung von MR. RIGHT durch die standhaften Liebesbeweise der ihn sehnsüchtig liebenden Frau widerspricht der Funktionsweise unserer menschlichen Psyche. Wir können wahre Liebe nicht durch Leistung erkämpfen, wir können Näheprobleme nicht mit Erdulden von Zurückweisungen oder Perfektionsbestrebungen aufheben – auch wenn wir uns das noch so sehr wünschen. Erlösung vom immer härter werdenden Leistungsdruck durch einen

perfekten Mann, die »Ernte der großen Liebe« nach vielen Anstrengungen und bangen Nächten ist nicht möglich – auch wenn
uns das ständig so verkauft wird. Denn vollkommene Schönheit,
milliardenschwerer Reichtum (Mr. RIGHT muss als solcher In-
seln, Weingüter, Hubschrauber, Schiffe und Flugzeuge sein Eigen
nennen – ein paar Millionen reichen schon lange nicht mehr)
und selbst perfekter Sex sind nicht viel wert ohne wirkliche Nähe
zum Partner. Und diese Nähe stellt sich eben nicht ein durch all
die Bemühungen, die Frauen in den Geschichten und der Realität unternehmen: Mr. RIGHT lässt sich in der harten Wirklichkeit
nicht durch noch so viel sehnsüchtiges Warten, Verbesserungen
und Selbstbeherrschung, das Ertragen von Zurückweisungen und
Demütigungen dazu bringen, die sehnsüchtig wartende Leserin
endlich zu lieben.

Sicher müssen unsere Träume eigentlich keinem Realitätscheck
standhalten, denn es sind ja unsere Träume, in denen wir jenseits
aller psychologischen Gesetze selbst Regie führen können, wie es
uns passt. Die Gedanken sind frei. Aber sind sie das wirklich noch,
wenn wir mit ihnen eine schmerzhafte Sehnsucht tilgen wollen,
wenn sie derart von den äußerlichen Werten unserer kapitalistischen Erfolgsgesellschaft geprägt sind?

Unsere Träume beinhalten immer auch die Hoffnung auf ihr
Wahrwerden. Denn genau dazu haben wir unsere Fantasie als eine
der höchsten Leistungen unseres Hirns und eines der erstaunlichs-
ten und komplexesten Phänomene der Evolution mitbekommen:
Wir planen damit unsere Zukunft, kreieren Lösungsversuche für
unsere »mangelhafte« Gegenwart. So kann man der Aussage »Man
darf ja wohl noch träumen!« die Frage entgegenstellen: »Und warum nur träumen, wenn man doch will, dass es wahr wird?«

*Sex and the City*, *Twilight* und *Shades of Grey*, die drei erfolgreichsten Liebesgeschichten der letzten Jahre, haben bis heute
Millionen von weiblichen Fans zum Schwärmen und Mitfiebern
gebracht, die sich mit ihren Konflikten in der Liebe dort gespiegelt

finden. Warum also nicht den grundlegenden Konflikt in den Geschichten und der Realität all der vielen weiblichen Fans analysieren und einen realen Weg zum Happy End finden?

Was ist an Mr. RIGHT eigentlich so faszinierend, dass Protagonistin und Leserin derart ins Dauerschwärmen geraten? Ist ein Mann ein »toller Mann«, nur weil er in erster Linie gut aussieht, gebildet ist und Erfolg hat? Weibliche Fantasiewelt und kapitalistische Ideale scheinen hier deckungsgleich – und dabei wurde doch bisher immer den Männern diese Fixierung auf Äußerlichkeiten vorgeworfen. Klavierspielen, etwas Kunst an der Wand oder die Erwähnung von gelesenen Klassikern der englischen Literatur (meistens wiederum der Frauenliteratur des 19. Jahrhunderts) bleiben durch alle drei Bestseller-Serien hindurch immer nur Show-Elemente einer ungewissen Bildung, über die sich aber nie weiter ausgetauscht wird. Niemals zeigt sich ein wirkliches Interesse oder eine Leidenschaft für diese Themen. Doch erklärt das allein den unglaublichen Hype, der rund um die Bücher und Serien entstanden ist? Reiche gutaussehende Männer, die unsichere, tollpatschige Mädchen retten, findet man schließlich auch in den Groschenromanen an jeder Supermarktkasse. Was fasziniert Mr. RIGHT und die Protagonistin und mit ihr die Leserin so aneinander, dass sie über neunzig Fernsehfolgen, Tausende Buchseiten und Blockbuster-Kinoerfolge hinweg, trotz aller Widerstände, nicht voneinander lassen können?

Es gibt wohl keinen Satz, der Menschen mit Nähe-Distanz-Problemen mehr auffordert, sich zu verlieben, als die anfängliche Warnung von Mr. RIGHT in den drei erfolgreichen Topsellern: »*Wenn du klug bist, halte dich von mir fern. Ich bin nicht gut für dich.*« Jeder der drei Traummänner weist auf sein dunkles Geheimnis, seine Unfähigkeit zur Bindung gleich zu Anfang hin. »Helferfiguren« (Freunde und Eltern) in den Erzählungen wiederholen diese Warnung mehrmals. Aber gerade der Kampf um die Liebe ist das, was die Protagonistin und mit ihr alle weiblichen Leserinnen in den Bann schlägt.

Es ist die große Sehnsucht eines Mädchens nach der endgültigen Überwindung aller Zurückweisungen und aller schlechter Erfahrungen, dem Lohn für all ihre Bemühungen, dem »Sieg der großen Liebe«. »*Ich bin jemand, der auf der Suche nach Liebe ist, wirkliche Liebe, völlig lächerliche, völlig unpassende, alles verzehrende, nicht leben können ohne den anderen Liebe*«, sagt Carrie als eine Art rückwirkende Überschrift in der letzten Folge von *Sex and the City*, kurz bevor sie Mr. Big dann doch noch für immer in die Arme sinkt und er ihr endlich die erlösenden Worte zugesteht: »*Du bist die Eine für mich!*« Das perfekte Happy End – wider alle Wahrscheinlichkeit.

Wie im richtigen Leben beginnen die Liebesbeziehungen in diesen Geschichten nicht als Begegnung zweier gleichwertiger, reifer Menschen auf Augenhöhe: Mr. RIGHT ist als offensichtlicher Traummann der Protagonistin vollkommen überlegen. »*Ich war eben nicht interessant. Er dagegen schon. Interessant und brillant und mysteriös und perfekt und schön ...*«, beschreibt Bella Edward gleich am Anfang der *Twilight*-Saga, und Ana fragt sich über ihren angebeteten Mr. Grey: »*Warum sollte dieser attraktive, mächtige, weltläufige Mann mich sehen wollen? Absurd!*« Carrie jammert in *Sex and the City*: »*Er ist immer perfekt in seinen perfekten Anzügen. Und ich, ich bin eben nicht perfekt!*« Schon beim ersten Zusammentreffen beginnt die Schieflage: Die weibliche Hauptfigur fühlt sich mit ihren Selbstzweifeln diesem göttlichen Mr. RIGHT völlig unterlegen. Sie fühlt sich so, wie viele Leserinnen sich selbst in ihrem Alltag wahrnehmen und erst recht bei ihrer Suche nach der großen Liebe: unzureichend, nie gut genug, unperfekt. Und der Mr. RIGHT ihrer Lieblingsserien ist genau der Typ Mann, von dem sie annehmen, dass mit ihm das Leben automatisch wunderbar wird. Durch ihn und seine Liebe sollen sich alle Probleme, alle Sinnlosigkeit und Selbstzweifel auflösen.

Schon im normalen Alltag der Heldin nimmt die Kritik an den eigenen Mankos kein Ende, doch treibt die Begegnung mit diesem überlegenen Mann die innere Inquisition in ungeahnte Höhen. Ihr Leben wird jetzt nur noch von Verlustängsten bestimmt: Er sieht viel besser aus als sie, ist reicher, erfolgreicher, intelligenter, weltgewandter, und auf dieses Ungleichgewicht wird sie ständig von ihrer eigenen »inneren Kritik-Instanz« hingewiesen: *»Es verschlägt mir den Atem. Er ist so unverschämt attraktiv. So gut darf kein Mensch aussehen ... Wieso fühle ich mich in seiner Gegenwart so unsicher? ... Ich kann mir nicht vorstellen, wieso er etwas für mich empfindet. Das konnte ich noch nie«*, stellt Ana immer wieder fest, während ihr *»Unterbewusstsein«* (das wohl eher ein »Über-Ich« ist) ständig »über den Rand seiner Brille« in ihrer permanenten Innenschau *»strenge Blicke«* verteilt, sobald sie auch nur den Mund aufmacht. *»Er sah aus wie ein Gott. Ich sah völlig durchschnittlich aus ... fast beschämend unauffällig. Angewidert drehte ich das Foto um ... Niemand wusste besser als ich, dass ich nicht gut genug für ihn war«*, behauptet Bella. Und Carrie findet Mr. Big *»groß, stolz und ehrerbietig«*, während ihre Freundinnen – als Außenstehende – glauben: *»Er ist Gift für sie.«*

Trotzdem will sie nur ihn: Nur mit ihm scheinen die Liebe und das Leben das zu sein, was sie (und mit ihr die Leserinnen) sich immer davon versprochen haben. Und da sich jede Leserin in der Realität selbst darüber wundern würde, dass sie von »so einem« Mann überhaupt gesehen wird, dass er »ausgerechnet sie« wählt, schafft die Protagonistin in der Geschichte mit ihren Zweifeln eine scheinbare Realitätsnähe, die die Leserin glauben lässt: »Ja, es kann passieren, ich lese ja, dass es möglich ist! Und warum sollte das, wenn es hier doch zu lesen ist, nicht auch mal einer wie mir passieren, in meinen Träumen war es ja schon immer möglich!«

Mr. RIGHT wird ihr Beschützer, der sie aus schwierigen Situationen rettet, ihr Geschenke macht, sie mitnimmt in seine aufregende Welt. Doch all das kann ihr Selbstwertgefühl erst mal nicht verbessern, denn letztendlich lässt er keine richtige Nähe zu und entzieht sich ihr immer wieder. »*Es ist so, als würdest du dich von mir verabschieden, obwohl du scheinbar etwas anderes sagst*«, gesteht Bella Edward – und wird damit auf sehr schmerzhafte Weise Recht behalten. »*Ich stelle dich meiner Mutter vor, wenn ich sicher bin ... in meiner Zeitzone*«, sagt Mr. Big. Und diese »Zeitzone der Entscheidung« wird sechs Staffeln und viele Zurückweisungen später erst durchquert sein. »*Vielleicht wird der Schmerz kleiner, wenn ich kleiner bin*«, denkt sich Ana in *Shades of Grey* nach der ersten Ablehnungserfahrung mit ihrem unnahbaren Christian Grey und rollt sich zusammen wie ein Embryo.

Genauso wie ihre innere Stimme maßregelt auch Mr. RIGHT die Protagonistin wie eine unmündige Untergebene. »*Warum fühle ich mich in seiner Gegenwart immer wie ein unartiges Kind?*«, bemerkt Ana. »*Du bist offensichtlich einer dieser Menschen, die Unfälle magisch anziehen. Also versuche bitte, nicht in den Ozean zu fallen oder dich von irgendwas überfahren zu lassen ...*«, ereifert sich Edward über Bella. Und Mr. Big betont mit einem gestrengen »*Herrgott, Carrie!*« oft seine Unzufriedenheit und Überlegenheit. Und sie versucht ihm und seinen Ansprüchen gerecht zu werden, damit er endlich die Distanz zwischen ihnen aufgibt und sie für immer liebt.

Mit seinem Verhalten, dem Heranlassen und Wegstoßen, verstärkt Mr. RIGHT noch das weibliche Denkmuster und das schlechte Selbstbild. Den Frauen gelingt es höchstens mal für fünf Minuten, die Starke, Selbstbewusste zu spielen, aber auch damit wollen sie ihn eigentlich nur beeindrucken, Einfluss nehmen auf seine Zuwendung, der sie so hilflos ausgeliefert ist. »*Ich versuchte mich zu beherrschen, um ihn nicht mit meinem verzweifelten, gequälten Verlangen zu verschrecken, das in mir tobte*«, gesteht sich Bella ein. «*Ich habe versucht, so zu sein, wie du mich willst, habe versucht, den Schmerz zu bewältigen ...*«, bekennt auch Ana und Carrie bemerkt bitter, nachdem sie Mr. Big durch seine Todesängste nach einer Herzoperation begleitet hat und er sie endlich einmal eine Nacht nahe an sich heranließ: »*Doch dann war sein Herz wieder verschlossen.*«

Mühsam versuchen die Protagonistinnen einen Rest von Würde zu bewahren. Dabei wissen sie alle, dass »so ein Traummann« ihnen nicht guttut: Ihr Selbstwertgefühl wird vollkommen von ihm bestimmt. »*Es führt nirgendwo hin*«, klagt Carrie, und Bella glaubt sich sogar »*irreparabel zerstört*« durch Edwards Liebesentzug. Und auch Ana scheint nur noch aus Schmerz zu bestehen: »*Er ist überall, breitet sich in jeder Zelle meines Körpers aus und dringt bis ins Mark ... Unsägliche Seelenqual. Und ich bin selbst schuld daran.*« Aber der Reiz vom perfekten Mann, der große Traum vom großen Glück mit einem solchen »*Gott*« ist stärker. Tritt er wieder an sie heran, ist es daher schnell vorbei mit dem Versuch der Selbstbeherrschung: »*Er ist so atemberaubend attraktiv. Wieder einmal kann ich nur staunen, wie schnell er mir so sehr ans Herz gewachsen ist*«, gesteht Ana, nachdem ihr Grey sehr schmerzhaft zur Strafe für ihren Widerstand den Hintern versohlt hat.

Selbst ihre positiven Eigenschaften sind jetzt von ihrer Selbstkritik überschattet. Ihr ironischer Witz, ihre Ehrlichkeit, ihre Offenheit und Moral scheinen nicht ins Gewicht zu fallen gegen seine übermäßige Attraktivität, seinen Reichtum und weltgewandten Status. »*Ich beschäftige mich seit neuestem mit Ihrer Kolumne*«, erzählt Mr. Big Carrie. »*Nett*« ist seine Be- oder besser Abwertung ihrer Arbeit und damit von allem, was sie ausmacht, worauf sie stolz ist. »*Ich will nicht, dass du arbeitest*«, sagt Grey zu Ana, der trotz seiner Distanziertheit ständig die Kontrolle über sie zu behalten sucht. Und Edward macht sich immer wieder über Bellas linkische Art lustig.

Ihr Umfeld, die Freunde und Eltern, sprechen der Protagonistin von außen Mut zu, sorgen sich aber auch darum, dass sie ständig verletzt wird. Sie bemerken die völlige Fixierung auf den umschwärmten Mr. RIGHT, bis an den Rand der Selbstaufgabe: Er diktiert mit seinem Verhalten, wie es ihr gerade geht.

Das ohnehin wackelige Selbstbild der Protagonistin bricht durch die Begegnung mit dem kapitalen Traummann also regelrecht zusammen. Doch gerade in diesem »Sich suhlen im eigenen Minderwertigkeitsgefühl«, bei der gleichzeitigen realitätssprengenden Hoffnung auf Erhebung, Heilung, Erlösung durch seine Liebe, scheinen sich die Leserinnen wiederzufinden. »Es war unmöglich, dass diese gottgleiche Kreatur für mich geschaffen war«, glaubt Bella. »Dieser göttliche Mann ist mit Sicherheit nicht für mich bestimmt«, sagt sich auch Ana. Und Carrie fragt sogar noch, als Mr. Big ihr seine Liebe gesteht: »Warum ich?«

Diese übermäßig selbstkritische Einstellung der weiblichen Hauptfiguren und vieler ihrer weiblichen Fans zu sich selbst, die man auch aus den Internetforen herauslesen kann, lässt an Groucho Marx' Aussage denken: »Es würde mir nicht im Traum einfallen, einem Klub beizutreten, der bereit wäre, jemanden wie mich als Mitglied aufzunehmen.«

»Woher kommen nur diese ständigen Selbstzweifel, Anastasia? Du bist eine starke, unabhängige Frau und trotzdem denkst du immer so negativ über dich«, fragt der Mr. RIGHT aus Shades of Grey Ana scheinheilig – ohne natürlich von seiner eigenen Kritik an ihr abzulassen. Und diese Frage möchte man eigentlich gern allen Protagonistinnen dieser Bücher und Serien stellen, genauso wie die Frage an Mr. RIGHT, warum er sich für ein Mädchen interessiert, das ihm so völlig unterlegen ist und sich in dauernden Selbstzweifeln windet.

Es wird in den Geschichten nie erklärt, warum die Heldin eigentlich ein so schlechtes Selbstwertgefühl hat, ob sie sich selbst völlig unrealistisch wahrnimmt, also sich hässlicher und unfähiger einschätzt, als sie eigentlich ist – so wie Magersüchtige sich dick fühlen, obwohl sie offensichtlich klapperdürr sind. In den Verfilmungen werden die Hauptrollen immer von Schauspielerinnen gespielt, die zumindest nach einer Verwandlung mit gutem Makeup und Designerkleidern dem Helden optisch absolut ebenbürtig sind. Nicht selten finden beide Schauspieler auch jenseits der Fiktion als echtes Paar zusammen.

In der Realität ist der Grund für eine solche Selbstwertstörung fast immer in der Kindheit, der Beziehung zu den Eltern, zu finden (siehe voriges Kapitel). Die Mütter und Väter in den Bestsellergeschichten verhalten sich zwar auf den ersten Blick liebevoll und sorgend, doch sie werden auch als schwache Menschen mit vielen eigenen Beziehungsproblemen dargestellt. Bellas Vater ist seit Jahren ein eigenbrödlerischer Single, ihre Mutter hat ihn früh verlassen und nach einigen chaotischen Männergeschichten dann endlich jemanden gefunden, der alles für sie regelt. (Für Kinder gibt es keine destabilisierendere Erfahrung, als ein Elternteil in den ersten drei Lebensjahren durch Scheidung oder Tod zu verlieren. Hierdurch wird eine Bindungs- und Selbstwertstörung sehr wahrscheinlich, da die Kinder meist glauben, sie wären an dem Verlust schuld.) Bella war schon immer mehr Mutter für ihre Mutter als umgekehrt, hat den Haushalt geführt, gekocht, gewaschen, während diese ihre »Ticks« pflegt, von schlechtem Gewissen geplagt hin und wieder Geschenke macht und sich wie eine verrückte »beste Freundin« verhält. »Ein Großteil meines Lebens hatte ich damit verbracht, mich um Renée zu kümmern und sie geduldig vor den schlimmsten Verrücktheiten zu bewahren. Die anderen, die ich nicht verhindern konnte, habe ich geduldig ertragen ...« Auch für ihren Vater übernimmt sie, als brave Tochter, die Hausarbeit, sobald sie zu ihm gezogen ist. »Zu Hause hatte ich auch alle Einkäufe erledigt und war froh über die vertraute Aufgabe ...«

Bei Ana ist es vergleichbar: Früher Verlust des Vaters und eine sehr junge, chaotische, schwache Mutter mit immer wieder wechselnden Ehemännern. Sie ist alles andere als ein starkes, selbstsicheres Frauenvorbild: »Sie erzählt mir von ihrem neuen Projekt, dem Kerzenziehen – Mom versucht sich ständig an neuen Geschäftsideen. Im Grunde langweilt sie sich ... aber leider besitzt sie die Kon-

*zentrationsfähigkeit eines Goldfisches ... Trotzdem mache ich mir
ihretwegen Sorgen. Hoffentlich hat sie zur Finanzierung der Kerzen-
sache nicht das Haus beliehen.«*

Carrie ist als Kind verlassen worden vom Vater und fragt sich:
»*Welche Rolle spielt eine Vaterfigur? Manche behaupten, die Beziehung einer Tochter zu ihrem Vater prägt auch alle ihre weiteren Beziehungen zu Männern ...«*

In diesen Beschreibungen der nicht ganz einfachen Eltern-
beziehungen dürften sich viele Leserinnen mit ihren Familien-
verhältnissen ebenfalls gespiegelt sehen. Die weiblichen Protagonisten der Bestseller haben anscheinend genauso wie die
Konsumentinnen der Geschichten mit ihren schwachen Müttern
und Vätern gehadert. Doch die nett verpackte Kritik der Buchfigu-
ren an ihren Eltern (Ana: »*Sie ist zum vierten Mal verheiratet, vielleicht kennt sie sich ja inzwischen mit Männern aus ...«*) – schließlich möchte man ja nicht zu sehr mit dem Schmerz und der Wut
über deren Fehlverhalten in Berührung gebracht werden – impli-
ziert eigentlich falsch gelernte Liebeserfahrungen. Die mangelnde
Orientierung ist sowohl in der Realität als auch in der Fiktion die
Grundlage für ein schlechtes Selbstwertgefühl und die Sehnsucht
nach einem starken Mr. RIGHT und seiner fürsorglichen, erhebenden Liebe.

Und andersherum? Warum wählt Mr. RIGHT, der anscheinend
wegen seines überragenden Äußeren und seines Reichtums jede
haben kann, ausgerechnet dieses »durchschnittliche« Mädchen?
In *Twilight* weckt Bellas Geruch Edwards großen Appetit auf ihr
Blut. Außerdem kann er ausgerechnet ihre Gedanken nicht lesen –
was noch die plausibelste Erklärung ist, gerade weil sie in den Bereich des märchenhaften Vampirdaseins gehört. In *Shades of Grey*
erkennt Christian Anas Talent zur Unterwerfung, als sie in sein
Büro stolpert. Carrie wird in Bigs Nähe unsicher, fordert Liebesbeweise, was ihn nervt und ihren Witz und ihren Stil vollkommen

negiert. Doch Dominanz könnten diese Supermänner auch bei vielen anderen Frauen spüren, die wohl ebenfalls alles für sie tun würden. Was macht gerade die Protagonistin mit ihrer ständigen Unsicherheit so besonders für ihn? Warum schaut er auf ihre inneren Werte – zum großen Erstaunen und Glück der Heldin und der Leserin – obwohl *sie* ihn ja gerade wegen seiner äußeren Werte so anbetungswürdig findet und abgöttisch liebt? Warum hofft sie, »als Person« geschätzt und anerkannt zu werden von einem äußerlich offensichtlichen Superman (wie ein Kind, das völlig unhinterfragt um seiner selbst willen von seinem Vater geliebt werden sollte, der es, kaum dem Mutterbauch entschlüpft, natürlich für »das schönste Mädchen« hält und sie umgekehrt zu ihm als dem »besten aller Männer« aufschaut)?

Die Protagonistin ist zwar durchaus gebildet und kann, wenn sie will, toll aussehen, misst sich aber ständig am Ideal der Models und Werbefiguren, gegen die sie sich hässlich und stümperhaft fühlt. *»Es gibt Frauen in New York, die da sind, nur damit wir uns schlecht fühlen«*, sagt Carrie über alle *»Strichmännchen-Frauen«* mit hübschen Gesichtern. *»Welche Chance haben da noch normale Frauen? Ohne Supermodel zu sein läuft heute nichts!«* *»Was hat es nur mit diesen makellosen Blondinen auf sich? ... Ich passe nicht hierher und komme mir völlig fehl am Platz vor. Das ist oft so«*, stammelt auch Ana schon bei ihrem ersten Besuch im Büroturm von Mr. Grey. *»Ich starrte sie an, weil ihre Gesichter umwerfend und überirdisch schön waren. Es waren Gesichter, die man normalerweise nur auf Hochglanzmagazinen zu sehen erwartete«*, beschreibt Bella Edward und seine Vampirgeschwister bei ihrer ersten Begegnung in der Schulkantine. Es gilt das »Model-Maß«, sowohl in der Welt der Protagonistinnen als auch in der der Leserinnen. Wunderschöne, reiche Menschen haben in dieser Weltsicht und kapitalistischen Hierarchie die Macht – und ein erfülltes Leben. Und Mr. RIGHT steht in dieser Werteordnung ganz oben. Seine Liebe, die Liebe eines so angesehenen, überlegenen Menschen, soll sie mitreißen in die Oberliga. Wie bei einem Kind, das seine Eltern ja auch völlig vergöttert und ihnen gleichzeitig ausgeliefert ist, auf ihren Schutz, ihre Liebe und Anerkennung angewiesen ist, bestimmt er mit seiner Zuwendung ihr Wertgefühl, ihr Leben. Er kontrolliert sie, macht ihr Vorschriften und lebt prinzipiell sein eigenes (erwachsenes) Leben weiter, in das sie sich einfügt, in ständiger Angst, ihn zu verlieren. Immer wieder stößt er sie zurück, lässt keine Nähe zu. Sie fleht innerlich um seine Liebe, bemüht sich mit ihrer ohnmächtigen Abhängigkeit zurechtzukommen, sich selbst zu verbessern, ihn zu analysieren. All ihr Streben und Hoffen ist darauf ausgerichtet, seine Distanz aufzuheben, um endlich durch seine Anerkennung den Wert ihrer Person zu spüren.

Aus den Einträgen der Internetchats und Foren zu den hier erwähnten Romanen und Serien lässt sich ablesen, dass auch der Alltag vieler Leserinnen bestimmt wird von einer penetranten inneren Kritikerin im Dialog mit einer schwachen zweiten Stimme, die sich mühsam dagegen zu behaupten sucht. Ihre Selbstbewertung unterliegt ebenfalls in erster Linie dem Vergleich mit Models und Werbeikonen. Das »Sich-unnormal-Fühlen« im dauernden Vergleich mit den Werbeschönheiten der Medien, die Überforderung im alltäglichen Kampf um das große Glück – dieser Standard scheint zur Norm geworden zu sein.

Der Kampf um die Liebe und die Verhaltensweisen von Mr. Big, Edward und Christian Gray zwischen Anerkennung und Zurückweisung entsprechen dem Nähe-Distanz-Konflikt im wirklichen Leben so vieler Leserinnen. Und wie in der Realität will die Protagonistin (wie ein kleines Mädchen) Liebe und Zuwendung von einem Menschen, den sie als überlegen empfindet, den sie vergöttert, der mit seinem Verhalten ihr Selbstbild bestimmt – und der sie leider auch immer wieder auf Abstand hält und kritisiert. Ihre Entlohnung für ihre Anstrengung ist die große Hoffnung, dass sie eines Tages glücklich wird mit diesem tollen Mann. Sein gutes Aussehen, sein Status, seine Luxusgeschenke sind ein Ersatz und gleichzeitig ein Versprechen auf die perfekte Liebe, die sie sich eigentlich wünscht. Ihre Liebe ist infantil: Die Protagonistinnen in den Traumfiktionen leben dasselbe Schema, dieselbe Form der unreifen Liebe, ihren Leserinnen erfolgreich vor.

Als Ana Mr. Grey fragt, was sie dafür bekommt, wenn sie sich auf den S/M-Vertrag und die »Kammer der Qualen« einlässt, antwortet er kurz und direkt: »*Mich!*« Mr. RIGHT bestimmt wie ein übermächtiges Elternteil die Regeln und wie weit sie an seiner erwachsenen, aufregenden Welt teilnehmen darf. »*Himmel! Dieser wunderschöne Mann will mich zurück!*«, jubelt Ana, und: »*In Christians Gegenwart ist Langeweile ein Fremdwort. Aus heutiger Sicht erscheint mir mein früheres Leben wie eine Welt in tristem Schwarz-Weiß*«. Und auch Bella weiß von Edward: »*Am Ende wirst du wieder das tun, was du für richtig hältst.*« (Dabei liefert sein Vampirdasein hierfür noch das schlüssigste Argument: Ihr Leben hängt an seinem »guten Willen«, seiner Selbstbeherrschung. Doch der Blutdurst von Vampiren ist von jeher auch nur eine märchenhafte Allegorie für die verschlingende, zerstörerische Macht der Liebe, die Grundlage für jedes Nähe-Distanz-Problem in Liebesbeziehungen.)

Während das klassische Romeo-und-Julia-Motiv vom großen Gefühl lebt, dem sich äußere Umstände (Gesellschaftsregeln, Kriege, finanzielle Umstände) entgegenstellen, verhindert in diesen modernen Liebesdramen ein »innerer Gegner« die große Liebe: Die Angst vor Nähe hindert den zeitgenössischen Romeo, alias Mr. RIGHT, tiefe, wahre Gefühle zu leben. (Selbst Edwards Liebe hat ja einen inneren Feind: Seine übermäßige Lust auf ihr Blut.) Und umgekehrt scheint die moderne Julia von nichts so sehr erfüllt zu sein wie von ihrer übermäßigen Sehnsucht, diesen inneren Feind zu überwinden. Das scheint ein Widerspruch in sich und gleichzeitig ist es symbolisch für die Probleme mit den großen Gefühlen in modernen Liebesbeziehungen.

Die romantische Liebe heutzutage hat einen neuen Gegner gefunden. Er heißt nicht mehr »Capulet« oder »Montague«, sondern »emotionale Zurückweisung«, »mangelndes Sich-einlassen-Können«, »Näheunfähigkeit« und vor allem: »schlechtes Selbstwertgefühl«. Diese Feinde schweißen die Liebenden nicht zusammen, sondern splitten sie in angebliche Männer- und Frauenlager, von wo aus sie sich misstrauisch beobachten und versuchen, möglichst schmerzfrei (unter der Anleitung absurder Ratgeber) den anderen doch noch zu erobern. Und während die Erfüllung ihrer Sehnsucht der fiktiven modernen Julia (Ana, Bella, Carrie) durch ihre naive psychologische Analyse von Mr. RIGHT und ihr leidgeprüftes Durchhaltevermögen am Ende gelingt, wird all den verzweifelten, realen Julias unserer modernen Welt mit dieser Lüge von ihrem eigenen »heilenden Einfluss« auf die Näheprobleme ihres Mr. RIGHT nur ein weiterer Stein in den Weg zum realen Glück gelegt. Denn gerade die fiktive Julia ist mit ihrer scheinheiligen Erfolgsgeschichte eine große Gegnerin der realen Julia.

Dazu darf natürlich nicht auf die eigentlichen Ursachen hinter den so lebensnahen Konflikten und dem Wunsch nach der großen Liebe mit einem kapitalen Traummann hingewiesen werden: Die alte, infantile Hoffnung auf ein »emotionales Wunder«, das plötzlich die ersehnte Bestätigung, den perfekten Mann und den Reichtum bringt und alle Demütigungen des Lebens wiedergutmacht. Der andauernde Versuch, sich »schön zu kaufen« und »geliebt zu hoffen«, ist so viel einfacher, als eine jahrelange schmerzhafte Aufarbeitung tiefsitzender Selbstwertprobleme. Die Anerkennung und »Selbstversorgung« des eigenen inneren Kindes mit seiner unerfüllten Sehnsucht und seinen Enttäuschungen und Seelenschmerzen kommt nicht an gegen das Versprechen eines plötzlichen Luxus-Lebens. Denn mit Mr. RIGHT wäre doch so einfach alles gut und das Leben wäre so schön wie in den Hochzeits- und

Urlaubsberichten der *Gala* und auf den Hochglanzbildern jeder Kaffeewerbung ... Mit dieser Hoffnung auf die plötzliche Erfüllung ihrer Sehnsüchte, ohne schmerzvolle Hintergrundanalyse, scheinen Teenagermädchen, Studentinnen, erfolgreiche PR-Managerinnen, Rechtsanwältinnen, Galeristinnen oder Kolumnistinnen keine Ausnahme zu sein.

Die Bestseller sprechen aber auch Frauen an, die sich bereits in Beziehungen befinden und ihren Partner und sein Verhalten in das eines Mr. RIGHT aus den Büchern und Serien zu wandeln wünschen: Frauen in festen Beziehungen sehen sich oft mit denselben Problemen konfrontiert wie jene, die noch nach einem Partner suchen. Regelmäßig verzweifeln sie an der mangelnden Fürsorge und Bestätigung ihres Mr. REAL, seiner Nähe- und Kommunikationsunfähigkeit und seiner unzureichenden Bereitschaft, sich wirklich einzulassen. Und wie in den Büchern und Serien versuchen sie, seine emotionalen Launen auszuhalten, seine Zurückweisungen zu ertragen, und hoffen, mit ihrem Verhalten seine Gefühle zu gewinnen: *»Ich verdiene dich nicht und es tut mir leid, dass ich nicht alle deine Bedürfnisse befriedigen kann. Vielleicht im Laufe der Zeit ...«*, ist Anas Angebot. Carrie maßregelt sich: *»Ich hatte mich mit meinen Gefühlen so weit vorgewagt, dass ich nicht bemerkt hatte, wie allein ich war.«* Daraufhin schwankt sie Staffel um Staffel zwischen Hoffnung und emotionalem Abstand – ohne je aus Mr. Bigs Bann heraustreten zu können. *Und Bella gesteht: »Es spielte keine Rolle, ob er mich nicht wollte. Ich würde immer nur ihn wollen, solange ich lebte«*, trotz der Lebensgefahr, die für sie von Edward ausgeht.

Ob fiktiv oder real: Die Frauen versuchen, durch (un)auffälliges Taktieren oder »sanftes Drängen«, ihr Nachgeben, Warten und Hoffen, seine beständige Liebe zu gewinnen. *»Wenn du seine Mutter auf deiner Seite hast, hast du fast schon gewonnen.«* Oder: *»Man darf nicht zu einfach zu haben sein«*, sind einige der typischen Sätze aus

*Sex and the City* dazu. »*Unsere Beziehung hängt an einem seidenen Faden, das spüre ich ganz genau. Gehorche ich?*«, und natürlich gehorcht Ana in *Shades of Grey*, trotz der Demütigung, die dann folgt.

Hin und wieder versuchen die »Heldinnen« auch, mit Argumenten und Vorwürfen eine Einsicht in das männliche Fehlverhalten heraufzubeschwören: »*Von deinen Launen könnte man ein Schleudertrauma bekommen*«, sagt Bella zu Edward und Carrie beschimpft Mr. Big: »*Du machst das jedes einzelne Mal! Carrie könnte glücklich werden, also muss ich sofort alles kaputtmachen ...*« Die Beziehung kann nicht einfach gelebt werden, es wird ständig an ihr *gearbeitet* und am anderen herumgezerrt.

»*Kann ich nicht diejenige sein, die ihn ins Licht holt?*«, fragt sich Ana. Und in diesem Satz steckt die ganze versteckte Hoffnung so vieler Frauen, die gegen die Bindungsprobleme ihrer Männer antreten. Doch Mr. RIGHT lebt seine Freiheit und Unabhängigkeit aus. Er hat keine biologische Uhr, die tickt, und ihm wurden nie durch alte und moderne Märchen vermittelt: »Die Prinzessin auf dem weißen Pferd, die dich Hanswurst auf ihr Schloss mitnimmt, das ist der Sinn deines Lebens!«

Trotzdem will Mr. RIGHT auch, dass seine Freundin nur für ihn da ist. Er ist eifersüchtig, kontrolliert sie, obwohl er sie immer wieder zurückweist und keine Zukunft mit ihr planen will. Seine Idealvorstellung ist: eigene emotionale Absicherung und dabei doch alle Möglichkeiten offenhalten. Wie auf den Werbeplakaten von Hollywoodblockbustern steht er als Held im Mittelpunkt und lässt sich von der »Schönen im Hintergrund« anschmachten. Hier scheinen sich weibliche und männliche Vorstellungswelten ausnahmsweise zu entsprechen – auch wenn sie (wegen der Defizite der Träumer) in der Realität dennoch nicht kompatibel sind.

Die Angst vor der Abhängigkeit in der Liebe und vor der eigenen Hilflosigkeit und Ohnmacht, das Ausgeliefertsein an die Person, die man liebt, die das verletzend ausnutzt, ist die Grundlage für die Angst vor Nähe. »*Wir sind beide unseren Problemen ausgewichen, meiner Angst vor Bestrafung, seiner Angst vor ... was? Liebe?*«, stellt Ana in typischer pseudo-psychologischer Manier fest. (Und diese hilflose Deutung wird am Ende durch die einfache Auflösung des Problems märchenhaft belohnt.)

So sehr Mr. RIGHT in der Realität der Leserinnen und Zuschauerinnen die Bestätigung, Anerkennung und emotionale Sicherheit braucht, die für ihn aus der Sehnsucht seiner Freundin entsteht – und ihn somit auch an sie bindet –, so sehr hat er Angst vor der eigenen Abhängigkeit und der Verantwortung für ihre und seine eigenen infantilen Gefühle: Sie will zu viel, sie will von ihm das große Glück. Und er hat Angst davor, zu viel geben zu müssen, nicht auszureichen, erpressbar zu werden, wenn er wirklich liebt – und das zu Recht!

Auch der Mr. RIGHT in den Bestsellern hat auf die Selbstverwirklichung seines männlichen Idealbildes von Unabhängigkeit, materiellem Erfolg und emotionaler Kontrolle gesetzt, um mit den negativen Erfahrungen in der Liebe nicht zu stark in Berührung zu kommen. Seine Unsicherheit und seine Ängste lassen kein tiefes (bedrohliches) Gefühl zu, weshalb er sich geschickt hinter seiner coolen, überlegenen Fassade versteckt. *»Warum willst du unbedingt die Kontrolle haben?«*, fragt Ana ihren Mr. Grey. *»Weil ich sie früher einmal zu wenig hatte«*, antwortet er ihr, wenn er ihr nicht gerade ein *»Weil ich es kann!«* entgegenschleudert.

Ana, Bella und Carrie spiegeln gerade mit ihrem Kampf gegen seine Distanziertheit die Erfahrung der Leserinnen mit Männern wider, die auf sie abweisend reagieren. Der Mr. RIGHT aus den Büchern bestätigt (jedenfalls zu Beginn der Geschichten) mit seinem Verhalten gegenüber der Protagonistin die Erfahrung der Leserin mit Zurückweisungen und dem daraus entstehenden Gefühl mangelnder eigener Liebeswürdigkeit. Frauen mit schlechtem Selbstwertgefühl verlieben sich oft in Männer, die sie schlecht behandeln (und ebenfalls kein gesundes Selbstwertgefühl haben, trotzt Erfolg und Attraktivität). Deshalb »suchen« solche Frauen

Männer, die über ihnen stehen. In der Realität und in den Büchern hoffen die Protagonistinnen und Leserinnen, von jemandem Liebe zu bekommen, der den bisherigen »Liebesobjekten«, besonders den ersten Bezugspersonen (den Eltern), in ihrer unreifen Art zu lieben sehr ähneln.

Und Mr. RIGHT (in der Realität und in den Büchern) hofft wiederum, dass die Protagonistin stark genug wird, um ihn zu retten – jenseits ihrer ganzen Sehnsucht nach ihm und ihrem »Klein-Mädchen-Habitus«. Doch traut er sich dabei selbst nicht über den Weg, hat Angst vor seiner eigenen Sehnsucht, die ihn ohnmächtig in ihren Bann schlagen könnte, ihn in seiner eigenen Selbstverwirklichung (seinem »Schutz vor Selbstzweifeln«) behindert. So hält er sie immer wieder auf Abstand. Er will sie und hat gleichzeitig Angst, in ihrer Nähe keine Grenzen mehr einhalten zu können. Entfernt sie sich, weil sie nicht mehr kann, oder gibt sich den »Anschein einer starken Frau«, macht ihm das seine eigentliche Abhängigkeit deutlich, seine innere Hilflosigkeit, und das Spiel dreht sich für kurze Zeit um. In den Büchern versteht Mr. RIGHT dadurch plötzlich die Unsinnigkeit seiner Ängste, bekennt sich zu seiner Liebe und es wird geheiratet. Doch in der Realität tritt genau diese wundersame Wendung leider nicht ein, denn sobald dort die Hoffnung der Frau auf die Befriedigung ihrer Ansprüche wiederaufflammt, weil er sich nun um sie bemüht, kehrt seine Angst vor Nähe zurück, im selben Maß, in dem ihre Symbiose-Wünsche wieder ansteigen.

Wie bei einem echten Paar mit Nähe-Distanz-Problemen wird auch in den Geschichten der Partner nur so weit gesehen, wie er das eigene Selbstwertgefühl stützt oder bedroht. Der »geliebte« andere wird nur mit den Eigenschaften erfasst, die das eigene Selbstbild betreffen: Aufwertung durch Status und gutes Aussehen oder Kontrolle durch Unterlegenheit.

Die Protagonistin scheint, wie viele ihrer weiblichen Fans, nicht fühlen zu können, ob Mr. RIGHT sie ehrlich liebt, sein Interesse wirklich ihrer Person gilt, dieser göttergleiche Mann wirklich sie begehrt. Sie zweifelt durch ihre Unterlegenheit ständig daran und lauert auf jede »offizielle« Bestätigung. Seine Komplimente, jedes kleinste Stück Anerkennung und Zuwendung bestimmen von außen ihr Wertgefühl, liefern Momente der Euphorie oder der Verzweiflung. »*Drei kleine Wörter. Meine Welt steht still, kippt und dreht sich um eine neue Achse weiter*«, stellt Ana fest, nachdem ihr Mr. RIGHT ihr endlich seine Liebe gesteht, um kurz danach zu bemerken: »*Beim Anblick seiner finsteren Miene komme ich mir wie ein unartiges Kind vor – wieder einmal.*«

Getrieben von Widersprüchen, Hoffnung und Selbstkontrolle, Angst, Enttäuschung und Wut, fällt es der Protagonistin sehr schwer, ein klares Gefühl für sich als Person zu entfalten oder Mr. RIGHT jenseits seines Status und seiner Näheprobleme wahrzunehmen. Es dreht sich in den Büchern und Serien eigentlich alles um den dauernden »emotionalen Notstand« der weiblichen Hauptfigur, die versucht von Mr. RIGHT Bestätigung und Liebe zu bekommen: Die große Liebe ist eigentlich nicht mehr als eine »Medizin« für ihren Seelenhaushalt. Der Traummann wird zum »Heiler« erkoren, der die alles bestimmende Sehnsucht nach Erlösung im »absoluten Gewollt-Sein« herbeiführen soll.

Auch die anderen Figuren der Geschichten sind in erster Linie auf die Bestätigung des Selbstwertgefühls der Protagonistin ausgelegt und stellen in einer zweiten Funktion einen weiteren Vergleich mit der Realität der Leserin her. So gibt es neben Mr. RIGHT immer auch andere, normale, nette, menschliche, fehlerhafte Männer (die jede Frau aus ihrem Lebensalltag kennt), die sich für die Heldin der Geschichte interessieren. Aber sie reichen nie an Mr. RIGHT heran, der so viel reicher, hübscher und auch faszinierender ist. Es entsteht ein regelrechter »Werbungskampf«, ein »Umschwärmtsein« als maximale Bestätigung für das weibliche Ego: Die Protagonistin gerät zwischen Mr. RIGHT und mindestens einen anderen halbwegs attraktiven, hartnäckigen Verehrer, und daneben gibt es noch jede Menge »Durchschnittstypen«, die ihr den Hof machen, aber natürlich nicht den Hauch einer Chance haben: Sie sind zu banal, zu real.

Es wird ebenfalls nie richtig klar, warum all diese Männer ausgerechnet an der Protagonistin so reges Interesse zeigen, die sich selbst für nicht besonders hübsch, ungeschickt und durchschnittlich hält. (Es ist die geheime Hoffnung vieler Frauen, in den Köpfen der Männer wäre doch mehr Anerkennung für sie zu finden, als es nach außen hin den Anschein hat.) Irgendetwas muss sie an sich haben, das sie in ihrer »schmeichelhaften Bescheidenheit« selbst nicht wahrnimmt, das aber ständig Männer in ihren Bann schlägt. Sie selbst verharrt in selbstkritischer Unsicherheit, während alle Männer sich um sie reißen und aufregende Liebesverwicklungen entstehen – die sich so viele Frauen als Lebensinhalt wünschen. Das reine »Begehrtsein« durch Männer scheint für gequälte Frauenseelen als Lebenssinn zu reichen (während Männer immer noch eine Art verstecktes »Genie«, ungeahnte, überirdische Kräfte und Fähigkeiten brauchen, um sich mit ihren eigenen Vorstellungshelden zu trösten).

Die Protagonistin will nur den Besten von allen: Mr. RIGHT. Selbst wenn er sie verstößt, bleibt sie ihm treu, kann auf die »ganz große Wiedergutmachung« und Erhebung durch ihn nicht verzichten. In den Büchern muss sie nicht stark und selbstbewusst werden, die Enttäuschungen ihrer Kindheit nicht verarbeiten oder sich gegen christliche, altmodische Bescheidenheits- und Weiblichkeitsideale wehren. Sie muss nicht für ihre Interessen einstehen, nicht ihre Kreativität verwirklichen oder Erfolge für sich erkämpfen und ihr Selbstwertgefühl über einen eigenen Weg (gegen die herrschenden Wertevorstellungen) wachsen lassen. Nein: Sie kann weiter auf die Erlösung durch einen kapitalen Mann hoffen. Statt einer erwachsenen Selbstverwirklichung und Eigenverantwortung lebt sie die gewohnte infantile Strategie weiter und findet mit ihrer Hoffnung auf Erlösung von außen die totale Erfüllung. Und trotzdem wird in den Büchern die Fassade der selbstständigen, selbstbewussten Karrierefrau weiterhin maskenhaft aufrechterhalten. Die »zauberhaften« Karrieren der Heldinnen als Kolumnenschreiberinnen oder Lektorinnen wahren scheinheilig den Selbstverwirklichungsanspruch, ohne den Frau heute nicht mehr in den eigenen Spiegel schauen kann: Schein und Sein schließen sich hier zur großen Befriedigung der Leserin nicht als »Selbstlüge« aus.

Es gibt in den Geschichten darüber hinaus zahlreiche Merkmale, die den Konflikt zwischen dem heutigen Ideal einer selbstständigen Frau und dem infantilen Versorgungsanspruch eines Mädchens für die Leserinnen befreiend und beruhigend auflösen: Auch wenn die weiblichen Hauptfiguren der Geschichten oft so tun, als bräuchten sie Luxus gar nicht oder es ginge ihnen »auf die Nerven«, dass Mr. RIGHT sie ständig zu beschützen und zu beschenken versucht, liegt in dieser Ablehnung von etwas, nach dem man sich eigentlich so sehr sehnt, das aber als moralisch verwerflich oder als Schwäche gilt, der »wahre« Luxus einer »vollkommenen Bestätigung«: Man wird zur eigenen Bedürfnisbefriedigung »gezwungen«, wie ein Kind, das nicht essen oder aus Trotz nicht in den Arm genommen werden will und für das die Eltern dann *noch mehr* Geduld und Zuwendung aufbringen, weil sie es so sehr lieben! »Der Widerspenstigen Zähmung« ist eine große Bestätigung fürs weibliche Selbstwertgefühl. Und eine Frau gilt ja in unserer immer noch von christlichen Werten durchdrungenen Kultur nur als gut, wenn sie sich unmaterialistisch und bescheiden den vielgepriesenen inneren Werten verschreibt. So ist sie nur auf reine, edle Liebe aus, ohne eigennützige Hintergedanken. Doch dieses Ideal steht in den Geschichten nicht im Konflikt mit den Wünschen des inneren Kindes nach narzisstischen, materiellen Vorteilen, wenn der andere diese ersehnte Fürsorge und Geschenke »aufdrängt«!

Die Protagonistin (und mit ihr die Leserin) kann ja gar nicht anders, als diese ganze materialistische Zuwendung anzunehmen, weil ER das doch so will! So kann sie nach außen hin den Schein der uneigennützigen Bescheidenheit und Fixierung auf innere Werte wahren.

Genauso schützt der Held der Geschichten und Frauenherzen auch seine Freundin ständig vor diffusen, überall lauernden Gefahren, als könne ihr, wie einem Kind, durch Unachtsamkeit ein schwerer Unfall passieren. Und wenn sie sich auch aus ihrem erwachsenen Ideal-Selbstbild als selbständige, starke Frau natürlich lautstark dagegen wehrt (wehren muss), führt ihr inneres Kind doch Freudentänze auf.

Die hier besprochenen fiktionalen Geschichten schützen, trotz ständig wiederkehrender Enttäuschung im realen Leben der Leserinnen, vor einem noch viel größeren Schmerz: vor der Einsicht, endlich erwachsen werden zu müssen, da es keine Wiedergutmachung in Form von versorgender, märchenhafter Liebe eines überlegenen Mannes gibt. Ein Mr. RIGHT mit hohem kommerziellen *Marktwert* sucht sich in der realen Welt nur ein stolperndes, selbstzweifelndes, klammerndes Mädchen, wenn er dringend selbst Stabilisierung durch ihre Unterlegenheit und Hilflosigkeit braucht, um sich so nicht der schmerzhaften, verunsichernden Erfahrung mit Nähe stellen zu müssen. Und aus dieser Situation zweier schwacher, verunsicherter Selbstwertgefühle, die gegenseitig Stärke und Wiedergutmachung fordern, kann niemals die große Liebe entstehen – jedenfalls nicht, wenn die Gesetze der Realität gelten.

Nicht von ungefähr ist den Protagonistinnen der Geschichten, im Einklang mit den Leserinnen, ständig zum Heulen zumute, und sie kämpfen mit ihrer Wut, die durch die Zurückweisungen und Demütigungen von Mr. RIGHT aufkommt. Zuwendung und Komplimente gibt es nur nach Schlägen und anderen emotionalen

Verletzungen. Der beste Rat an diese zweifelhaften Heldinnen und ihre Leserinnen wäre also: Träumt nicht weiter!

»*Wenn der schöne reiche Drecksack dich zum Weinen bringt, dann sag ihm einfach, er soll die Kurve kratzen*«, sagt Katherine zu ihrer Freundin Ana in *Shades of Grey*. Damit hat sie in einem Satz die eigentliche Wahrheit auf den Punkt gebracht. Doch Ana entkräftet, wie alle Frauen mit dominanten inneren Kindern, die ihre sehnsüchtigen Ansprüche nicht aufgeben wollen, den Einwand ihres sorgenvollen Umfeldes mit der gängigen Schutzbehauptung: »*In der Welt von Katherine gibt es nur Schwarz und Weiß, für vage Grauschattierung ist dort kein Platz. Es ist aber komplizierter.*« Doch genau dieser Versuch, ihre eigene verblendete Herangehensweise an Beziehung und ungesunde Verhaltensweisen zu rechtfertigen, den sich Therapeuten und Freunde so oft anhören müssen, wenn sie Frauen vor sich haben, die an ihrem Glauben festhalten, als ginge es um ihr Überleben (und darum ging es in der kindlichen Psyche leider wirklich einmal), ist ein deutliches Zeichen für falsche, infantile, neurotische Erwartungen an die Liebe. Die Hoffnung stirbt oft erst nach jahrelangem Leid, wenn die Realität sich immer und immer wieder unbeugsam der Fantasie entgegengestellt hat. Denn nur dort gewinnen am Ende die Anas, Bellas und Carries, die sich selbst als Durchschnittsfrauen beschreiben und denen alle (wie in der Realität) sagen: »Bleib realistisch, nimm den netten Durchschnittstypen.« Doch sie wissen es ja besser: »*Und ganz gleich, wie viel außergewöhnlicher oder schöner oder geistreicher oder vollkommener er war, so war er doch genauso unwiederbringlich verwandelt wie ich. So wie ich immer zu ihm gehören würde, so würde er auf immer mir gehören*«, darf Bella glauben, als Edward zu ihr zurückkommt und ihr erneut und für immer seine Liebe erklärt. Und Ana schwärmt von der so lange erwarteten Offenheit und Nähe ihres Mr. Grey: »*Es ist, als wäre nun ... ein Damm in ihm gebrochen ... Dieser Mann – Gottes Geschenk an die Frauen – liebt mich.*« Wider alle Vernunft und Erfahrung bekommen sie den absoluten Supermann und werden durch ihn zur vielbeneideten Superfrau: ein Triumph der »Leistungs-Liebe« und »Küchenpsychologie«, ein Sieg der inneren Werte, deren Belohnung der kapitale Traummann ist.

Die kapitalistische Strategie »Liebe durch Leistung und Erduldung«, ihr radikaler Anspruch, wird in den Geschichten nie in Frage gestellt, sondern noch auf die Spitze getrieben. Es wird den Leserinnen vorgetäuscht: Selbstverbesserung, Ausdauer trotz Zurückweisung durch überlegene Status-Männer und eine banale psychologische Analyse der Situation können zum Erfolg führen; mit genug Durchhaltevermögen kannst du dir den perfekten Mann in dein Leben holen und seine tiefen Gefühle gewinnen. Er wird dir dann – wenn du nur genug um ihn gekämpft hast, deine Verlustängste ausgehalten hast, dich ihm anpasst und auf ihn gewartet hast, seine Demütigungen ertragen, ihn therapiert und immer wieder Verständnis aufgebracht hast ... Ja, dann wird er dich irgendwann für immer lieben.

Mit diesen Love-Romance Bestsellern wird Frauen in unserer Kultur immer wieder vermittelt, die sehnsuchtsvolle Liebe ihrer inneren kleinen Mädchen könne irgendwann doch noch alle Schwierigkeiten überwinden. Frei nach Oskar Maria Graf: »Es muss doch endlich wahr werden, dass auch ich die große, erlösende Liebe finde!«

Nachtrag: Es gibt mittlerweile eine neue Kult-Serie, die gerade ihren Siegeszug durch die westliche Frauenwelt antritt – wieder von New York aus und wieder mit vier jungen Frauen. Doch gegen diese neuen *Girls* entpuppen sich die Mädels aus *Sex and the City* erst recht als unrealistische, konservativ-puritanische Märchenfiguren: Es scheint, als hätten die heutigen Twens nicht nur der großen Liebe, sondern jeder romantischen Hoffnung endgültig abgeschworen.

Männer und Sex stehen natürlich auch hier im Mittelpunkt des Geschehens, aber sie sind nicht mehr perfekt, sondern nur noch

»völlig unverbindlich«. Das Frauenbild entspricht in keiner Weise mehr dem einer Prinzessin, die den Prinzen sucht, auf teuren High Heels herumstöckelt und am Ende heiratet. Sex wird verrichtet ohne Gefühl, und Liebesbeziehungen sind der Karriere einer Frau jetzt nur noch hinderlich. Diese »Hook-up-Culture« (Abschlepp-Kultur) in ihrer rücksichtslosen Triebbefriedigung und Bindungslosigkeit ist zwar von den Männern abgeschaut, doch sie löst das Ungleichgewicht zwischen den Geschlechtern endgültig auf: Wenn niemand mehr an Emotionen interessiert ist, gerät auch niemand mehr ins Hintertreffen. Und für die Kinderproduktion und Aufzucht gibt es ja schließlich Samenspender und Nannys – man muss eben nur genug Geld verdienen. Verschafft diese Absage an die Liebe den Frauen auch erst mal Gleichstellung und Unabhängigkeit, werden die Lieblosigkeit und Bindungsunfähigkeit dahinter doch nicht weiter geheilt, sondern nur um einen weiteren Grad kommerzialisiert. Der Kapitalismus scheint in seiner Härte und seinem Dogma der Selbstausbeutung nun nicht mal mehr ein Märchen zu brauchen. Hol uns der Teufel, hauptsache im Gucci-Shop!

# Kapitel 3:
## Sex sells. Oder: Was Frauen wollen

Wenngleich *Shades of Grey* ein altes Frauenideal als Antwort auf »modernes Frauenleid« neu zementiert, so wurde doch mit diesen Büchern auf eine Hürde hingewiesen, die einer gleichgestellten Vorstellung von weiblicher Sexualität immer noch im Weg steht. »Was will das Weib?«, scheinen sich wieder einmal die Deuter unserer Kultur zu fragen, indem sie hilflos auf Freud zurückgreifen (den sie sonst so gerne vom Thron der Moderne zu stürzen versuchen). Vorurteile, zugespitzte Erklärungsversuche und Verunglimpfungen durch intellektuelle Sittenwächter in den angesehenen Zeitungen unserer westlichen Kultur machen viele Leserinnen zu Recht wütend.

Dass Frauen mittlerweile so offen und »schamlos« für attraktive Männer schwärmen, so unverhohlen ihre Leidenschaft für perfekte Männerkörper in die Welt tragen und außergewöhnlichen Sex einfordern, scheint Männer und Feministinnen gleichermaßen zu erschrecken. Galt bisher die Parole der Tiefsinnigkeit, die Vorliebe für innere Werte und kommunikativen Austausch, auf die Frauen angeblich mehr Wert legen, als auf Äußerlichkeiten und Sex, muss die Gesellschaft jetzt erkennen, dass die Frauen den Männern auch in ihren oberflächlich-ästhetischen und sexuellen Ansprüchen in nichts nachstehen. Sie sind (mittlerweile) genauso wenig bereit, die körperlichen Leistungsschwächen des anderen Geschlechts zu tolerieren wie umgekehrt. Und ihre durch Werbung und Film geschulten Forderungen beschwören die Hilflosigkeit und Ohnmacht von Männern gegenüber diesen Vorbildern herauf. Denn auch ihre Körper sind nur begrenzt den Idealen anzugleichen, und auch eine männliche Krähe kann niemals zum Schwan werden.

Haben Männer diese oberflächlichen Ansichten bisher für sich in Anspruch genommen und wurde ihnen das stets vom Feminismus vorgeworfen, müssen sich jetzt beide daran gewöhnen, dass Frauen auch in politisch unkorrekten Vorlieben und Egoismen den Männern nicht mehr nachstehen, sofern sie sich das *leisten* können – d.h. sofern sie selbst körperlich auf der Höhe sind und ihre biologische Uhr noch nicht zu laut tickt. Mit Status und Geld können Frauen nach wie vor nur in seltenen Ausnahmefällen – siehe Madonna oder Ivana Trump – junge männliche Schönheit bestechen.

Insgesamt bleibt das Ungleichgewicht im öffentlichen Umgang mit weiblicher und männlicher Sexualität nach wie vor überdeutlich: Nackte Frauenkörper sind allgegenwärtig, männliche Sexfantasien auch. Richtig nackte Männer dagegen bekommt die Öffentlichkeit wenig zu sehen – angeblich, weil diese schutzlose Pose, der voyeuristische Blick auf männliche Geschlechtsteile niemanden interessiert. Doch seriöse Studien existieren zu dieser These bisher nicht.

Schönheit, Sex und Kapitalismus sind längst zu einer Einheit verschmolzen und Frauen sind jetzt schon die größeren Konsumenten (besonders im Internet). Ist es da vielleicht nur eine Frage der Zeit, wann der Mann als unbekleidetes Sexobjekt mit Idealmaßen über die Frauenliteratur hinaus populär wird? Was würde passieren, wenn Mann sich im Alltag dem ständigen Vergleich mit Supermännern auch noch im Intimbereich stellen müsste? Was würde mit unseren Geschlechterbildern geschehen, wenn jedes Apotheken- oder Drogerieschaufenster mit ähnlich vielen nackten Männerkörpern dekoriert wäre, wie es jetzt mit Frauenbildern der Fall ist? Den ständigen, bewertenden Blicken ausgesetzt, am höchsten Körperideal junger trainierter Männermodels gemessen zu werden: Das wäre wohl für Männer genauso schwer zu ertragen wie für Frauen, die das aber seit der Erfindung der modernen Medien täglich hinnehmen müssen.

Der bürgerlichen Frau wurden seit dem 19. Jahrhundert alle sexuellen Regungen abgesprochen. Mit »Liebreiz«, »Charakterbildung« und »Verweigerung außerhalb der Ehe« als oberstem Ideal sollten sie hingegen auch noch die »triebhafteren Männer« zur Vernunft bringen. (Die bürgerliche Revolution war eine moralische, die sich mit Intellekt, Wissenschaft und »züchtig-vernünftigem« Verhalten gegenüber dem Adel die eigene Überlegenheit und ihre Machtansprüche beweisen wollte.) Noch heute steckt diese angeblich ungleich verteilte Triebhaftigkeit in unseren Geschlechtervorstellungen so selbstverständlich fest, dass sie als solche selten diskutiert wird: Hormonsubstanzen wie Testosteron und Östrogen werden gewertet, und im Diskurs um das weibliche Sexualverhalten sind immer noch Tabubrüche mit hohem Empörungsfaktor möglich. Der »Bedrohung« in Form von millionenfach gekauften Büchern mit weiblichen Liebes- und Sexfantasien wird in der westlichen Kultur daher weiterhin gern mit dem Schundromanurteil des Bildungsbürgertums begegnet. Gleichzeitig wird *Shades of Grey* aber auch gerade die Bürgerlichkeit und Spießigkeit des Sex vorgeworfen. Die beiden großen Kritikpunkte gegen das »Skandalbuch« sind demnach paradox: Einerseits sei der Sex stets duschgelparfümiert und mit reichlich Zärtlichkeit und Komplimenten gar kein richtiger Bondage-Sex. Und: Es gehe ja erst auf Seite 130 überhaupt mal zur Sache. So zeigt sich unser Feuilleton als immer noch zutiefst dem bürgerlichen Moralverständnis verpflichtet, in dessen Machtriege die Frauen, vom Feminismus angetrieben, zwar mittlerweile aufsteigen dürfen – aber bitte nur nach den für sie geltenden Regeln im Umgang mit Anspruch, Sex und Selbstbeherrschung. Doch Frauen interessieren beim Kauf dieser Bücher sicher nicht literarische Ansprüche, stilistische Raffinesse und die fachliche Zuordnung ihrer Träume. Sie lesen millionenfach diese Geschichten, weil sie dort Erzählbilder wiederfinden, die ihren eigenen Köpfen entsprungen sein könnten. Die Sexfantasien von modernen Frauen scheinen überraschenderweise genauso universell und banal zu sein wie die von Männern, deren Medien aber nicht Bücher und Blockbuster, sondern Herrenmagazine und Pornofilme sind. Und dort würde wohl niemand auf die Idee kommen, nach Niveau und sexualwissenschaftlicher Zuordnung zu fragen.

Die Idee vom rücksichtsvollen Liebhaber, der immer darauf achtet, dass es der Herzensdame nicht zu viel wird, der sie mehrfach hintereinander zum Höhepunkt bringt und sie auch außerhalb der »Kammer der Qualen« mit teuren Geschenken, geschliffenen Manieren und seinem guten Aussehen verwöhnt, scheint den Zorn und Sarkasmus der Herren (und Damen) Journalisten heraufzubeschwören. Man meint, zur Verteidigung des bisher gewohnten weiblichen Sexualverhaltens die alte Formel veränderungsunwilliger Beamter zu hören: »Wo kommen wir denn da hin! Da könnte ja jeder kommen! Das haben wir immer schon so gemacht!«

Auch wenn die männlichen Manieren längst verwässert sind, das bürgerliche Verantwortungsgefühl gegenüber Frau und Familie sich weitestgehend aufgelöst hat und die sexuellen Freiheiten umfangreicher geworden sind, sollen die Frauen die Bürgerpflichten bitte weiterhin einhalten, um sich auf diesem Machtfeld, das sie ja gerade erst betreten haben, als würdig(er) zu erweisen.

Die erneute Verunsicherung in der eigenen Rolle, verursacht durch weibliche Selbstverwirklichung im Bett, scheint die Männer diesmal an ihrer empfindlichsten Stelle zu treffen: der Vormacht ihrer Triebhaftigkeit. Was macht man als Mann, wenn die eigene Freundin etwas verlangt, das man sich nicht traut, das einem nicht gefällt?! Immerhin waren die Männer bisher wenigstens noch beim Sex die »Leittiere«. Ihr letztes männliches Refugium waren ihre selbstverständlich ausgelebten sexuellen Fantasien.

Wie ungleich dieses männliche und weibliche Selbstverständnis und die Bewertung einer frei gelebten Sexualität immer noch sind, zeigt sich an Kleinigkeiten, einem Satz wie: »Er liebte die

Frauen«, der immer noch gern in Feuilletonartikeln als respektvoller Nachruf großer Macho-Ikonen und potenter Alpha- und Lebemänner voller vieldeutiger Bewunderung zugesprochen wird. Die Umkehrung, »Sie liebte die Männer«, ist hingegen nach wie vor alles andere als ein Ausdruck von Bewunderung.

»Meine Frau möchte nicht, was ich mir erträume«, war bisher die gängigste Begründung für den von Männern verübten sexuellen Betrug. Der Satz »Mein Mann schafft es nicht, meine sexuellen Fantasien zu befriedigen« ist das aktuelle Schreckgespenst, das einen neuen *Leistungsanspruch* in unserer Gesellschaft und in unseren Liebesbeziehungen aufzeigt: Jetzt wollen die Frauen bei diesem Thema auch noch »mitreden« – und zwar schon im Teenageralter. Will die eigene Frau oder Freundin oder sogar die Tochter etwa auch solche hemmungslosen Fantasien ausleben?

Selbstbewusste Frauen mit klaren Ansagen über ihre sexuellen Wünsche faszinieren und erschrecken Männer gleichermaßen. Wenn die Fantasien den Köpfen entweichen, dann kann das für Männer Lust bedeuten – oder Versagen. Auf jeden Fall ist es eine Herausforderung und eine neue Infragestellung ihrer überkommenen Hoheitsprivilegien in Sachen Sex.

Wenn ein Mann vormals eine sexuelle Handlung forderte, konnte er zwar abgewiesen werden, aber das war dann kein Zeichen für sein Versagen, sondern für die Prüderie der Frau. Wer sich jetzt aber auch noch mit den bisher verborgenen sexuellen Wünschen und Forderungen der Frauen auseinandersetzen muss, kommt vielleicht zur unangenehmen Erkenntnis, dass seine pure Potenz, ohne Einfallsreichtum, bisher völlig ungenügend war. (So werden gerade in Ländern, in denen Frauen noch offiziell sexuell unterdrückt und Bräute ohne Vergleichsmöglichkeit jungfräulich in die Ehe geschickt werden – z.B. in China und der gesamten arabischen Welt –, die zahlreichsten Phallussymbole errichtet: Die Hochhäuser können nicht hoch genug sein, um sich selbst zu beweisen, wie stark, standhaft, potent man ist. Ein ehrliches, erfahrungsreiches Urteil wird hier nicht gewünscht.) Doch bloße Erektion ohne Technik ist nun mal ziemlich langweilig für Frauen. Was würde wohl passieren, wenn Frauen überall auf der Welt vollends aufhörten, Orgasmen vorzutäuschen und echte einforderten? Männer werden zwar ungern belogen, doch eine negative Wahrheit ertragen sie hier noch weniger.

Vielfach wird Männern geraten, die erfolgreichen Frauenromane zu lesen oder die Serien zu schauen, damit sie Frauen besser zu verstehen lernen. Die Beschreibungen des Sex paarungsbereiter Großstadt-Singles aus *Sex and the City* waren witzig und oft auch sehr wahr, doch leider gab es hier nur eine der vier Hauptfiguren (Samantha), die sich die Freiheit nahm, wirklich alle Stellungen und Spielarten durchzuprobieren und sich zu nehmen, was der menschliche Körper an Möglichkeiten beim Sex zu bieten hat. Männer, sofern sie dem Ratschlag folgten und die Serie verfolgten, fanden das amüsant: Samantha war die beliebteste Figur der Serie bei den heterosexuellen männlichen Zuschauern. In ihrem Charakter traf sich die sexuell offensive, »allzeitwillige« Gespielin eines Pornos mit der Vorstellung von einer selbstbewussten Singlefrau. Das schien für Männer interessant zu sein – allerdings nur für ihre Abenteuerlust, nicht als dauerhafte Partnerin.

Bei den weiblichen Fans wäre die Serie sicher nicht so beliebt geworden, hätte die sexsüchtige Samantha als Hauptfigur fungiert. Sie war typischerweise die beste, starke Freundin der mädchenhaften Carrie, die ihr stützend und mit Humor bei der Suche nach der großen Liebe half. Und selbst Samantha wurde im Sinne der übermächtigen weiblichen Fangemeinde ihrer Generation am Ende eine dauerhafte Liebesbeziehung mit dem überaus gutaussehenden Mr. Smith angedichtet.

Mal davon abgesehen, dass es »Frauenverstehen« als allgemeingültige Logik nicht gibt, kann man über das universale Bild von Mr.

RIGHT in den Büchern und Serien und seinem perfekten Umgang mit Frauen und Sex viel über nur eine bestimmte Gruppe von Frauen erfahren – nämlich über diejenigen, die diese Geschichten anhaltend verfolgen. Und das sind und waren sehr viele.

Es geht in weiblichen Erotikfantasien nicht um schnellen Sex (daher auch der erste Beischlaf in *Shades of Grey* auf Seite 130). Es geht um Sex im Rahmen von Liebe und Begehren der ganzen Person. Es geht darum, im eigenen Verlangen vom anderen Bestätigung und Anerkennung zu erfahren, Fantasien Realität werden zu lassen auf dem Hintergrund von Vertrauen und Hingabe – und dadurch große emotionale Verbundenheit mit dem geliebten, bewunderten, erhebenden Partner zu erleben.

Letzteres scheint in den gängigen männlichen Sexträumen nicht vorzukommen. Hier wird die Unverbindlichkeit schnell ausgelebter Triebabfuhr ohne Widerstände, Emotionen, Verpflichtungen und Ansprüche betont. Vorherrschend sind hier die Demütigung der Frauen und die Inszenierung ihrer Unterlegenheit als Bestätigung seiner Potenz. Alles andere scheint als unmännlich zu gelten.

Es gibt für reale Männer den Unterschied zwischen »heißen Frauen« für unverbindlichen Sex und der »tollen, sexy Frau«, die man eventuell (nach ausgiebiger Prüfung) auch heiraten würde. Letztere kommen im Massenkonsum männlicher Fantasien, also in Pornozeitschriften und Filmen, nicht vor. Liebesgeschichten für Männer gibt es als Genre gar nicht: Es gibt nur die Heldengeschichten der Kinoblockbuster, mit der »schmachtenden Schönen« in der Nebenrolle als Bestätigung des männlichen Siegers.

Weibliche Sexfantasien im Bestsellerbereich finden dagegen immer im Kontext von Liebesgeschichten statt – und Mr. RIGHT mit seiner Zuwendung und Liebe hat die eigentliche Hauptrolle. Der Sex ist »nur« eine Spielart seiner Verehrung und Bewunderung, ein Teil der Rundumversorgung der Protagonistin durch den Traummann.

Doch selbst als Teil der großen Liebe scheint detailreich erzählte weibliche Sexualität immer noch skandalträchtig, als wäre die Kirche mit ihrem biblischen Schuldspruch gegenüber der Macht weiblicher Verführung noch in Amt und Würden, und als stünde das gesamte Feuilleton der westlichen, christlichen Kultur geschlossen hinter ihr. Und in der Tat scheint die Unterdrückung weiblicher Triebhaftigkeit Kirche und Bürgertum immer vereint zu haben – als wäre die Keuschheit der Frau grundlegend für die Begründung des Menschen als »Krönung der Schöpfung«, als drohe ein erneuter Verweis, wenn Eva dieses Mal mit der Schlange durchbrennt – ohne vom Baum der Erkenntnis zu essen.

Warum ist es immer noch so bedrohlich, so ungewöhnlich, dass Frauen anscheinend genaue Vorstellungen davon haben, was ihnen gefällt? Warum wird händeringend um Grenzen zwischen Blümchensex und wirklichen S/M-Praktiken gestritten? Welche Angst macht sich da breit, vor Frauen, die endlich die Lust in ihren Köpfen befreien wollen, denen es egal ist, ob das »feminismuskonform« ist oder ob das Buch, indem sie ihre geheimen Wünsche gespiegelt finden, einen literarischen Anspruch hat?

In den heftigen Feuilletonreaktionen zeigt *Shades of Grey* aber nicht nur die immer noch mächtigen patriarchalen Strukturen in unserer westlichen Gesellschaft und Werteordnung auf. Weit mehr noch rufen die drei Bücher Feministinnen auf den Plan. Frauen sollten sich sexuell befreien, aber doch bitte nicht mit Unterwerfungspraktiken! Seit der bürgerliche Überlegenheitsanspruch der Freiheit, Gleichheit und Brüderlichkeit sich um die »Schwesterlichkeit« erweitert hat, bedroht jede Asymmetrie der Geschlechter seine gesamte Legitimität. So wird die »Stellungsgleichheit« gerade vom Feminismus bis in die Betten hinein überwacht: Weibliche Triebfreiheit ja – aber bitte nur mit ethischer Ebenbürtigkeit! Sich unterwerfende Frauen können nicht akzeptiert werden auf dem immer noch mühsam umkämpften Gebiet der Gleichberechtigung. Frauen dürfen nicht sexuell dominiert werden wollen! Schon die Unterschiede in Alter, Verdienst, Hausarbeitsverteilung sind immer noch bestürzend. War der Penis bisher dem »Generalverdacht« ausgesetzt, als Mittel der Frauenunterdrückung zu fungieren, fallen die Betroffenen als lustvoll Überwältigte der eigenen feministischen Front jetzt ganz offensichtlich in den Rücken.

Doch die Wahrheit ist: Ohne Penetration war der Sex zwischen Männern und Frauen von jeher nicht möglich. Und sexuelle Vorstellungen sind letztlich unbestechlich gegenüber Zensur, moralischen Ansprüchen und zeitabhängigen Moden. Anscheinend trifft das auch auf weibliche Lust zu, und sei es die Lust an der Hingabe – nur dass diese bisher fast nicht dokumentiert wurde. Denn auch wenn die Bilder von nackten Körpern in sexuellen Posen allgegenwärtig oder zumindest nur ein paar Mausklicks entfernt sind, sagte das ja wenig aus über die realen sexuellen Praktiken, die Befreiung von Regeln durch die spezielle Vernunft- und Subjekt-Entgrenzung beim Sex.

Es ist der »Verdienst« der Moderne, den Sex in die Labore der Wissenschaft und in die Medienöffentlichkeit gebracht zu haben. Anfangs mit dem Anliegen seiner Befreiung – und tatsächlich: Die Hysterie, die große weibliche Krankheit der Jahrhundertwende, deren Ursache die »Triebunterdrückung« ist, gilt als ausgestorben in unserer westlichen Kultur. Heute wird der Sex jedoch seziert und für die Gesundheit »gemaßregelt«, zu Verkaufszwecken analysiert und zur Unterhaltung weiterverarbeitet. Doch seltsamerweise wurde mit all diesen Untersuchungen und Analysen den Frauen in der Öffentlichkeit meist nur gezeigt, wie sie auszusehen haben, um sexuell begehrenswert zu sein. Moralische Standardgrenzen jenseits von »liebender Paarung« in trauter Zweisamkeit wurden in den sexuellen Darstellungen für Frauen selten überschritten. Die zunehmende Sexualisierung unserer Gesellschaft, die nicht zuletzt mit Hilfe der Wissenschaft einen riesigen Markt erschlossen hat, vermittelt uns immer nur: Es ist normal oder sogar notwendig, als Mann außergewöhnliche Sexpraktiken zu *leisten*, um guten Sex zu haben und ein echter Mann zu sein. Doch für Frauen wurde der Sex bisher offiziell nur von der Kinderzeugung, nicht aber von tiefen Emotionen und dem »liebenden Traummann« entkoppelt. Und auch *Shades of Grey* folgt letztlich diesem traditionellen Muster: Mann verlangt von Frau harten, perversen Sex – und wird in der »*Kammer der Qualen*« zu Emotionen, Blümchensex und Eheschließung missioniert. Die Fronten bleiben weitestgehend gewahrt. Aber was fühlen, wollen und tun Frauen dann wirklich? Wie weit folgen sie diesen züchtigen Vorgaben oder lassen sie (jetzt angeheizt) heimlich doch »die Sau raus«?

Auch der Feminismus hat noch keine Lösung dafür gefunden, wie der biologische Akt des Geschlechtsverkehrs sich ohne »männliches Drängen« vollziehen lässt: Biologie und Fantasie scheinen sich der Gleichberechtigung zu widersetzen. Dass der Trieb schlecht zu beherrschen ist, weiß die Wissenschaft eigentlich seit Freud. So ist nun auch der Feminismus mit seinem Versuch, dem Trieb die Zügel anzulegen, im Scheitern dieses Machtanspruchs auf Gleichstand mit allen patriarchalen Institutionen.

Sollten die Fantasien und die sexuelle Selbstverwirklichung erwachsener Frauen also weiterhin mit (doppelter) Moral und schlechtem Gewissen beschnitten werden? Sollten sich Frauen im Sinne ihrer Unabhängigkeit und Gleichberechtigung der männlichen Pornokultur anschließen, wie es die Serie *Girls* mit ihrer »Hook-up-Culture« gerade vormacht? Was wäre, wenn Frauen weiterhin einfach so gern Männer im Bett hätten, die gern im Bett Männer sind – mit und ohne Gefühl? Was, wenn gerade emanzipierte Frauen davon träumten, beim Sex alte Rollenmodelle zu leben und neue auszuprobieren, und darüber hinaus beides öffentlich machten? Was für ein Problem gäbe es, würden Frauen, je nach Lust und Laune, wechseln zwischen Abenteuersex in der Fremde und liebevollen Umarmungen im eigenen Schlafzimmer, zwischen heimischen Bondage-Spielchen und selbstbestimmter Erfahrung auf öffentlichen Toiletten, in Aufzügen oder im eigenen Chefsessel, mit Callboys und ohne ein »Ich liebe dich« auf den Lippen? Männern scheint jedenfalls eine solche »Abwechslungsfreude« keine Probleme zu bereiten.

Es ist kein Geheimnis, dass Männer in hohen Verantwortungspositionen besonders häufig die Dienste von Dominas in Anspruch nehmen: Dort wollen sie sich in der Choreografie von sadomasochistischen Rollenspielen fallenlassen, die Verantwortung abgeben, dem Alltagsdruck für kurze Zeit entfliehen. Denn in den genau ausgehandelten Abläufen, deren Grenzen und Praktiken vom Kunden selbst bestimmt werden, verschafft man sich eine psychische Spannungserleichterung vom Leistungsdruck, eine nach innen gerichtete »Konzentriertheit« durch Lust. Die Kontrolle abgeben und das gleichzeitig genau geplant zu haben, sich fallenlassen zu können in die Sicherheit eines genau definierten Rollenspiels, stellt eine ersehnte, berechenbare, lustvolle Vertrauenssituation her zu einer höheren (dominanten) Macht: Das ist Bedürfnisbefriedigung in einem ungefährlichen infantilen Zustand, eine Ohnmacht mit eigenem »Regieplan«.

Die S/M-Rollenspiele sind darin vergleichbar mit der »künstlichen« Beziehung in einer Psychotherapie, für die der genau abgesteckte Rahmen ebenfalls sehr wichtig ist. Denn in der Therapie kommt es zu einem Ungleichgewicht der Macht zwischen Therapeut und Patient durch das einseitige Sich-vollkommen-Anvertrauen, unterlegt von einer bestimmten Bezahlung und festen Behandlungszeiten. Diese strukturellen Umstände ermöglichen es, die infantilen Muster aufzuarbeiten: Indem der erwachsene Patient die Verantwortung noch einmal gezielt abgibt, können schmerzhafte Emotionen aus der Kindheit geschützt und gestützt zugelassen und so altes, missbrauchtes Vertrauen in neues, stabiles verwandelt werden. Sicherheit und Orientierung werden durch einen positiven, wohlwollenden Umgang miteinander gelernt. Im Fall der therapeutischen Behandlung wirken die zugelassenen Seelenschmerzen befreiend – während beim Bondage-Sex die körperlichen Schmerzen lustvoll sind.

Die »geplante Ohnmacht« – die lustvolle Kontrollabgabe beim S/M-Sex der neuen Frauenbestseller – spiegelt, parallel zur Sehnsucht nach dem mächtigen Versorger, die zunehmende Leistungsanforderung im Alltag der Leserinnen: Befreiung von der dauernden Selbstbeherrschung, dem Regime der Selbstoptimierung, der zunehmenden Unsicherheit. Das Gefühl der Unterlegenheit wird inszeniert und als »Lust mit Sicherheitsnetz« befreiend ausagiert. Im Rollenspiel des S/M begibt Frau (wie Mann) sich in die eigenen Tiefen des Unbewussten, wiederholt symbolisch die Kindheitssituation mit einem übermächtigen Partner – und der eigenen zwiespältigen Erfahrung von Zuwendung mit Lust und Schmerz. Im sexuellen Bereich gibt es wohl keine andere »Spielart«, die alle Aspekte dieser existenziellen Erfahrung besser vereint: schmerzhafte Liebe, Demütigung, der Wunsch nach (körperlicher) Zuwendung, Bedürfnisbefriedigung durch Unterwerfung, Sehnsucht nach Vertrauen, die Kontrolle loslassen bei gleichzeitiger Angst vor Nähe, völlige Ohnmacht. Doch hier entsteht, im Vergleich zu den Kindheitserfahrungen und sozusagen als gleiche Situation mit besserem Ende, keine bedrohliche Hilflosigkeit oder Gefühlsnähe. Denn man behält ja doch die Kontrolle durch die genauen Absprachen der Abläufe und durch die Codewörter (bei deren Aussprache das Spiel sofort abgebrochen wird). Somit handelt es sich um »sichere« Lust, eine kontrollierte Leidenschaft. Das Gefühl der Ich-Entgrenzung beim Sex ist auf diese Weise nicht mehr gefährlich. Es gibt Spielzeug, dessen Verwendung vertraglich geregelt und genau nach Plan *abgearbeitet* wird. Bondage ist somit der ideale Sex für Menschen mit Näheproblemen (oft reicht sogar die Fantasie davon als Schutz vor zu viel Nähe beim Blümchen-Sex). Und gleichzeitig dient diese Spielart dazu, durch die Abgabe der

Selbstkontrolle für einige Zeit dem eigenen Leistungs- und Anspruchsdenken zu entfliehen, ohne es grundsätzlich in Frage zu stellen: S/M-Sex ist *Dienstleistung* an der Lust.

Frauen trauen sich heute mehr als je zuvor zu fordern, was ihnen gefällt – jenseits von politisch korrektem Denken und veralteter Erziehung. Auch sie brauchen, je mehr Druck und Erwartungen sie standhalten müssen, Ventile: Situationen der entlastenden Kontrollabgabe, einen »Urlaub« von der andauernden Selbstbeherrschung. Das ist eine (psycho-)logische Konsequenz unserer Leistungsgesellschaft, in der gerade Frauen dem sich ständig erhöhenden Konkurrenzkampf auf der Karriereleiter und der Doppelbelastung von Beruf und Familie im hohen Maß ausgesetzt sind. Nicht zufällig hat eine berufstätige Hausfrau und Mutter zweier Söhne die *Shades of Grey*-Trilogie verfasst. Die Kompensation durch die Abgabe der Kontrolle beim Sex (oder auch nur in sexuellen Gedanken) ist kein männliches Privileg. Der Feminismus sollte also triumphieren, anstatt zu kritisieren und den Frauen ein schlechtes Gewissen zu machen ob ihrer politisch unkorrekten Sehnsüchte: S/M-Fantasien sind ein Beleg für die Gleichberechtigung in Zeiten wachsender Leistungsanforderungen.

Auch das Pendant zu dieser Form des inneren Spannungsabbaus, die Auslebung von Dominanz in diesem Rollenspiel, kann das gleiche Ziel haben: die Wiederholung einer (Kindheits-)Situation, in der ungleiche Partner Bedürfnisbefriedigung »verhandeln« und man nun selbst anderen Schmerzen und Demütigungen zufügen darf. Hierbei entsteht die Lust über die eigene künstlich erzeugte Macht. Erhöhte Kontrolle und »gesteuerte Aggressionen« kompensieren die ehemalige eigene Unterlegenheit. Auch diese Rolle ist nicht auf Männer beschränkt: Eine gute Domina zeichnet sich durch Authentizität aus.

Doch bei Frauen überwiegen eindeutig die masochistischen Fantasien. Die große Gruppe der Leserinnen von *Shades of Grey* wünscht sich nicht einfach nur S/M-Sex, sondern S/M-Sex mit emotionaler Bestätigung von einem Traummann mit Versorger-qualität. Das ist ein großer Unterschied, nicht nur, wie schon gesagt, zu den Fantasien der Männer.

Viele Frauen scheinen die emotionale Erfahrung des S/M-Sex mit den Träumen für ihr Alltagsleben zu kombinieren: Lust und Zuwendung durch männliche Überlegenheit, die nicht nur im Bett vom Leistungsdruck befreit. Denn es ist eben der Leistungsdruck des Kapitalismus, der heute, auf der Basis wachsender Angst vor Versagen, die weibliche Sehnsucht nach Versorgung, Begehrt-Sein und Kontrollabgabe schafft. Und daran ist nicht mehr der patriarchale Machtanspruch der Männer schuld. *Hier* sollte der Feminismus mit seinem Befreiungsziel ansetzen!

Erlaubt ist, was gefällt. Und zwar beiden (bzw. allen) Beteiligten, sofern sie nach dem Strafrecht volljährig sind. Nirgends gilt das so sehr wie beim Sex. Jegliche Maßregelung oder moralische Verurteilung ist unangebracht. Trotzdem lässt sich natürlich psychologisch hinterfragen, wie weit der »freie Wille« hier reicht, wie weit eine fremdbestimmte, alte Sehnsucht nach Nähe, Bestätigung, Anerkennung die (Un-)Lust beeinflusst oder sogar dominiert.

Ein starkes Selbstwertgefühl dient in jedem Fall dazu, seine eigenen Vorlieben auszuleben, genauso wie ein schwaches Selbstwertgefühl oft unfreiwillige Unterwerfung bedeutet – nicht so sehr durch die eigene Lust, sondern weit mehr durch die übermäßige Sehnsucht nach körperlicher Nähe und Zuwendung motiviert: Besser schmerzhafte Nähe, als gar keine.

Und hier liegt das eigentliche Problem – jenseits aller moderner oder überkommener moralischer Forderungen: Auch in Liebesbeziehungen werden oft genug Sexualpraktiken gerade von Frauen ohne Lust »durchgestanden«, ausgehalten, weil sie glauben, dass diese *Leistungen* zum *Arbeitsplan Glück*, zum *Gewinnen* von Mr. RIGHT, zum Gelingen einer Beziehung dazugehören. Sexuelle Gefälligkeit gegen Emotionen: Die Hoffnung auf emotionale Aufmerksamkeit lässt uns die eigenen Grenzen missachten. Ein nach Liebe schreiendes inneres Kind benutzt den erwachsenen Körper, um Zuwendung zu ergattern.

Das kann so weit gehen, dass Sex, als eine Art »Sexsucht«, dazu verwendet wird, sich selbst und den eigenen Körper überhaut zu spüren. Hier ersetzen insbesondere S/M-Praktiken andere Handlungen, mit denen Frauen sich sonst verletzen, um hochgradige psychische Spannungen abzubauen (z.B. das Ritzen der eigenen Haut). Gerade bei jungen Frauen mit enormen emotionalen Defiziten aus der Kindheit ist diese »Verwechslung« zu beobachten, und auch in *Shades of Grey* lässt sich dieses hart *erkaufte* Glück finden. Allerdings gelingt dort letztlich der *Deal* – Perversionen gegen Gefühle – und führt zum Happy End. »*Etwas anderes als das kann ich dir nicht geben*«, sagt Mr. Grey über seine S/M-Beziehung zu Ana. Und sie lässt sich auf seine Sex-Wünsche ein, weil sie hofft, ihm dadurch ihre Liebe beweisen, ihn halten oder sogar ändern zu können: »*Der körperliche Schmerz von dem Hieb eines Gürtels ist nichts im Vergleich zu der Seelenqual ...*«, gesteht sie sich selbst ein, nachdem er ihr bis über diese Schmerzgrenze hinaus den Hintern versohlt hat und sie ihn daraufhin zu verlassen versucht – was sie nicht mal eine Woche durchhält. Es ist das Verhaltensmuster eines inneren Kindes, das Schmerz und Demütigung hinnimmt, um nicht verstoßen zu werden.

Auch die Mädels aus *Sex and the City* fragen sich in diversen Folgen immer wieder, welche der an sie herangetragenen sexuellen Wünsche ihrer Partner sie nun, »um der Liebe willen mitmachen« sollen – auch wenn sie anscheinend keine Lust dazu haben. Auch hier liegt offensichtlich kein eigenes sexuelles Verlangen zugrunde, sondern ein emotionales. Das dürfte nicht wenigen der begeisterten Leserinnen und Zuschauerinnen bekannt sein. Dabei macht es einen riesigen Unterschied, ob man »sexuelles Neuland« in einer emotional stabilen Beziehung ausprobiert – mit einem vertrauten Partner, mit dem man über längere Zeit Verlässlichkeit und Nähe gelebt hat – oder ob ein noch völlig fremder Mensch Forderungen stellt und Frau sich darauf einlässt, weil sie hofft, von diesem Mann als Gegenleistung Nähe und eine tiefe emotionale Verbindung zu bekommen. Mit Sex kann man genauso wenig Zuwendung und Nähe *erkaufen* wie mit Geld oder Schönheit.

Doch die Grenzen zwischen sexueller Lust durch die Wiederholung einer ohnmächtigen Kindheitssituation einerseits und der Sehnsucht nach emotionaler Zuwendung und Aufmerksamkeit andererseits sind fließend: Nirgends zeigt sich die Verwobenheit unserer bewussten Vorstellungen mit unserem Unbewussten, den »emotionalen Abgründen«, treibenden Sehnsüchten und alten und neuen Wunden deutlicher als beim Sex.

Die weiblichen S/M-Fantasien, die durch die *Shades of Grey*-Trilogie bedient werden, sind nicht das Ende der Entwicklung. Wie schon erwähnt, wird die Suche nach dem Traummann mitsamt den Vorstellungen vom emotionalen S/M-Blümchen-Sex von der neuen »Hook-up-Culture« der Serie *Girls* überholt. Unverbindlicher, alkoholisierter, schneller Sex ist nun en vogue.

Entstanden ist diese neue Sex-Kultur im Studentenmilieu der Elite-Business-Schools der USA, wo vor dem Beischlaf nicht mal mehr die Vornamen der Beteiligten ausgetauscht werden und Gefühle nur »die Karriere aufhalten«. Sex ist hier so banal geworden, dass Männer nicht mehr damit angeben können und Frauen ihre Körper dafür nicht mehr in Hochform bringen. Mr. RIGHT ist jetzt höchstens noch Mr. RIGHT-NOW – und das auch nur, bis er seiner »Orgasmuspflicht« nachgekommen ist. Der Sex ist zur »biologischen Verrichtung« geworden, praktiziert nach den »technischen Vorgaben« der You-Porn-Webseite: Desillusionierung macht frei – zumindest von der Vormachtstellung der Männer.

Mr. RIGHT scheint hier nur noch ein schlechter Witz zu sein, den sich die Vorläufergeneration der jetzt Vierzig- bis Fünfzigjährigen mal als Wahrheit hat verkaufen lassen: Selbst schuld! Denn die Realität des Beziehungsmarktes ist in New York (und auch schon in den deutschen Großstädten) mittlerweile so verroht, dass die jungen Frauen nur noch Karriere machen wollen, um jeglicher Abhängigkeit oder schmerzvollen Gefühlsduseleien zu entgehen: Die sexuell befreite Frau ist dem Mann nun endgültig ebenbürtig – in seiner Rücksichtslosigkeit und Unverbindlichkeit.

Wen also der offene Umgang mit weiblichen Sexfantasien in *Shades of Grey* geschockt hat, dem sei gesagt: Es wird noch schlimmer werden. Und wer jetzt schon einen neuen *Leistungsanspruch* im Bett vermutet, eine erneute Verunsicherung männlicher Selbstbilder dämmern sieht, dem sei Folgendes zum Trost vorgeschlagen: Vielleicht sollten gerade die Männer damit beginnen, ihren kapitalistischen Umgang mit Sex und der großen Liebe – ihre Bestätigung durch Sexkonsum mit möglichst vielen Partnerinnen, ihren Sammlerstatus von möglichst ausgefallenen Praktiken und ihre ausgedehnte Suche nach einer *noch besseren* Partnerin – aufzugeben. Immerhin sind die Frauen den Männern bisher in jeder ihrer Machdemonstrationen hinterhergeeifert, haben die jeweils neueste Strategie der *Kostennutzenrechnung* zwischen den Geschlechtern übernommen. Warum es also jetzt nicht mal mit der Verweigerung kapitalistischer Wertebilder versuchen? Warum nicht mal das eigene Selbstwertgefühl und Sexualverhalten aus den Klauen des Kommerz und der perfektionierten Attraktivität befreien? Vielleicht *profitieren* hiervon ja beide Seiten!

Da es für Männer wohl in weiten Teilen genauso unmöglich sein dürfte, zum Männerunterwäschemodel zu mutieren oder doch noch Milliardär zu werden, sind gute Manieren, ein liebevolles, aufmerksames Verhalten, eine ehrliche Kommunikation und Kreativität beim Sex in einer liebevollen Partnerschaft doch eine gute Alternative. Genauso wie ein unrealistisches Traumbild von der idealen Mrs. RIGHT hauptsächlich mit dem eigenen beschädigten Selbstwertgefühl zusammenhängt, genauso wie Männer bisher mit überzogenen Forderungen an sich selbst und an ihre

Traumpartnerin vor allem ihr eigenes Unglück förderten, können sie nun zusammen mit den Frauen (oder vielmehr *einer* Frau) lernen, dass das ideale Glück der Konsumwelt und das reale Glück einer reifen Persönlichkeit in zwei verschiedene Welten gehört. Die Auseinandersetzung mit sich selbst und seinen eigenen Kompensationsmechanismen machen hier den großen Unterschied aus – und nicht die mangelnde Perfektion des Partners oder die kalte *Vorteilsberechnung* gegenüber dem anderen Geschlecht.

## Kapitel 4:
## Mr. RIGHT und das etwas andere Happy End.
## Ein abschließender Überblick

»*Steckt nicht in jeder selbstbewussten Singlefrau eine zarte Prinzessin?*«, fragt Carrie in *Sex and the City* sich und alle ihre Zuschauerinnen. Die Antwort ist sicher: Ja.

Die Prinzessin, die ihren Prinzen findet, ist ein Archetyp, ein Bild, tief eingegraben in unserem weiblichen, kulturellen Unterbewusstsein. Aber muss sie deshalb von einem Milliardär mit Dressman-Qualitäten ins utopische Sorglos-Luxus-Paradies gerettet werden, um glücklich zu sein? Was können Frauen heute, jetzt, konkret selbst tun, um ihre Situation bei der Partnerwahl und in einer Beziehung mit einem Nähe-Distanz-Konflikt zu verbessern? Die (unbequeme) Antwort ist: Sie können ehrlicher und selbstbewusster werden – und zwar nicht so, dass sie für sich etwas Besseres erwarten, sondern sich fragen, warum sie das tun. Stellt man den eigenen Lebenssinn und den eigenen Wert ständig in Frage und glaubt, durch Aussehen, Status und Erfolg würde alles besser werden, das eigene Leben erfüllter und sinnvoller sein, ist das ein deutliches Zeichen für ein Selbstwertproblem, emotionale Konflikte und die Suche nach stabilisierender Liebe. Und leider verfolgen wir meist den falschen Ausweg.

Es könnte hier ein Missverständnis entstehen: Einerseits ist der Leistungs- und Optimierungsgedanke in Bezug auf sich selbst und den Partner der größte Feind der Liebe. Andererseits muss man sich ja doch verändern, um eine neue Grundlage für eine gesunde Liebe, ein glückliches Leben zu schaffen.

Der Psychologie (und insbesondere der Psychotherapie) ist oftmals vorgeworfen worden, dass sie die leidenden Menschen nur

»wieder fit macht« für die leistungsorientierte Gesellschaft. Für den unsäglichen Boom der Coaching-Seminare und Anleitungsbücher zum Erfolg – die meist auf den wirtschaftlichen Erfolg ausgerichtet sind und darüber auch den privaten Erfolg beschwören –, mag das zutreffen. Doch eine tiefenpsychologische Therapie bewirkt einen Ausstieg aus dem dauernden Leistungsstreben und eine Befreiung von den gesellschaftlichen Vorgaben, an denen wir so selbstverständlich festhalten. Eine gute Therapie macht nicht fit, sondern frei.

Psychologie und Psychotherapie vermitteln keine neuen Leistungsziele und Anpassungsmodule, sondern erwecken die missachteten, tiefliegenden, verdrängten, »unerlaubten« Gefühle zum Leben – um uns von ihrer Fremdbestimmung zu befreien. Das eigene Selbstbild und Wertesystem kann sich dann, ohne diese Altlasten, emanzipieren. Dank der Anerkennung von Leid (auch und gerade unserem Kinder- und Liebesleid) brauchen wir danach die falschen, leistungsorientierten Vorstellungen vom tollen Leben und einem perfekten Partner nicht mehr. Gerade beim Thema Liebe geht es in der Psychologie nicht mehr darum, einen Weg zu finden, wie man den perfekten Partner doch noch bekommt, wie also die infantilen Ausgleichsfantasien realisiert werden könnten, sondern darum, das innere Kind mit seinen Sehnsüchten, seinen verletzten Gefühlen zu betreuen und mit Anerkennung und Aufmerksamkeit zu versorgen.

Wir reagieren oft sehr schnell und impulsiv auf Dinge, die uns verunsichern und unser mühsam zusammengezimmertes psychisches Stützgerüst ins Wanken bringen. So verlernen wir, die Gefühle hinter den abwehrenden Reaktionen zu beachten – weil wir sie oft auch nicht wahrhaben wollen, da sie schmerzhaft sind. Besonders bei der Suche nach Mr. RIGHT sollten wir unsere Vorstellungen hinterfragen, da sie oft genug unserem realen Glück im Wege stehen. Sie sind das Stützgerüst der »inneren Mädchen«, der stabilisierende, aber trügerische Ausgleich für ihre bisherigen schmerzhaften Erfahrungen mit der Liebe.

Männer und Frauen sind gar nicht so unterschiedlich, sie sind nur auf unterschiedliche Art und Weise schwach. Um diese Schwächen auszugleichen, klammern sie sich an ihre männlichen und weiblichen Konventionen, an geschlechtsspezifische Träume und Verhaltensmuster, die unsere kapitalistische Kultur ihnen als angemessen oder erstrebenswert vorgibt. Dahinter stehen eine völlig geschlechtsneutrale Sehnsucht nach Bestätigung und guter, gesunder Liebe sowie die infantile Angst vor Verletzungen und Enttäuschungen. Das ist alles. Das ist das ganze Geheimnis zwischen Männern und Frauen – unromantisch, aber sehr realistisch.

Ein schlechtes Selbstwertgefühl, ein dominantes inneres Kind sucht man sich nicht aus: Man ist nicht vorsätzlich oder aus Bequemlichkeit auf der Suche nach Selbstbestätigung. Das Selbstwertgefühl ist das Zentrum unserer menschlichen Psyche, es ist eine wichtige Überlebensstrategie. Wir wollen einen guten Platz in der Gruppe, d.h. der Gesellschaft, haben. Wir brauchen die Akzeptanz der Gruppe, um in ihr zu überleben. Und wenn in dieser Gruppe die Regel herrscht, möglichst viele Sexualpartner zu haben, um männlich zu sein, dann versucht Mann, diesem Ideal zu entsprechen und so etwaige Defizite zu kompensieren. Und wenn uns vorgebetet wird, die große Liebe mit einem wohlhabenden Alphamännchen sei das »Höchste« in einem Frauenleben, versucht Frau, den angepriesenen Erfolgspartner dafür zu finden. Und wenn man uns ständig suggeriert, das Gefühl der Liebe gehe mit Reichtum und gutem Aussehen einher, dann glauben wir das.

Die andauernden Enttäuschungen und der steigende Leistungsdruck im Alltagsleben und bei der Partnersuche haben dabei weniger mit Oberflächlichkeit und selbstverschuldetem Egoismus zu tun, sondern mit Überforderung und den zunehmend menschenverachtenden Vorgaben eines kapitalistischen Regelwerks, aus dem es scheinbar kein Entrinnen gibt.

Wenn die herrschenden Werte und Ansprüche der menschlichen Natur der Wahrheit des menschlichen Gefühlshaushaltes zuwiderlaufen, führt das zu Leid – und irgendwann, wenn das Leid zu groß wird, zur Veränderung der herrschenden Werteordnung. Das gilt und galt in allen Gesellschaften, besonders auch solchen, in denen Frauen weniger geschätzt werden als Männer oder das Streben nach Glück mit dem Streben nach Reichtum und Sicherheit gleichgestellt sind.

Wie können wir uns aber von diesen falschen Götzen, von den falschen Hoffnungen und Versprechungen persönlich schneller befreien? Zunächst einmal ist es wichtig, das System, in dem wir leben, die subtile Dauerberieselung mit falschen Werten und Verlockungen zu durchschauen. Wir können lernen wahrzunehmen, kritisch zu beobachten, wo man uns zu manipulieren versucht. Das beginnt schon bei alltäglichen Kleinigkeiten: Warum geht mir das Herz so auf bei der Schmuckwerbung mit dem glücklichen wunderschönen Paar? Welche Gefühle, welche Sehnsüchte werden da angezapft? Warum glaube ich, wenn ich Hochzeiten von Prominenten und Königskindern sehe, dass sie ein perfektes Leben haben, voller Luxus, Bewunderung und Aufregung – während ich Paparazzi, Pflichten und mangelnde Privatsphäre ausblende? Warum glaube ich, dass die Stars auf dem roten Teppich ein erfüllteres Leben haben? Was sagt eine teure Handtasche über ihre Besitzerin aus? Wieso beneide ich Frauen, die von vielen Männern umschwärmt werden, ohne etwas dafür »tun« zu müssen (genauso wie kleine Kinder), und die dann oft genug und immer wieder scheitern mit ihrem angeblich so perfekten Glück? Was wird mir wie verkauft? Und was bedeutet das alles für meine Sehnsucht nach der großen Liebe? Wie handle ich, wen lehne ich ab, und wen bewundere ich aufgrund dieser Einflüsse? Welches Bild male ich mir von dieser Welt? Wie kann ich mein Leben selbst gestalten – jenseits von Konsum und uniformer Perfektion?

Wir sollten Widerstandskräfte entwickeln gegen den Schwarm der Mitläufer, gegen den Konsumzwang. Dazu müssen wir neue, ungewohnte Erfahrungen machen. Wir sollten den Rollenkli-

schees über Männer und Frauen, biologischen oder pseudo-
psychologischen Scheinbegründungen über ihr Verhalten und
Missverstehen nicht länger Gehör schenken, denn sie führen uns
in eine Gegnerschaft, die nicht existiert. Der eigentliche Gegner
der Liebe sitzt in uns: Es sind unsere überzogenen, von den Medi-
en aufgeputschten Erwartungen an den perfekten Partner, unsere
Enttäuschungen in der Liebe seit der Kindheit, durch die wir als
Wiedergutmachung und »gerechten Ausgleich« stets das »Beste«
erwarten. Dabei merken wir nicht, dass wir bis zur Erschöpfung
ausgebeutet werden – von unserem Wirtschaftssystem. Bis in die
letzten Winkel unseres Alltags schleicht sich dieser vordergründi-
ge Ästhetizismus ein, den wir andererseits politisch korrekt (und
bigott) so gern anklagen.

Und um die unbequeme Wahrheit noch mal deutlich zu sagen:
Es ist die übergroße Erwartung an die Anerkennung und Bewunderung von außen, die uns gefangen hält. Es sind die mangelnde
Bereitschaft zur Eigenverantwortung, die Flucht vor schmerzhaften Einsichten, die uns – ohnehin schon sehr verunsichert – den
»Balsam« der Medienbilder glauben lassen. Doch Leid, Enttäuschung und »Versagen« geben uns auch die Möglichkeit, endlich
einen neuen Weg einzuschlagen, endlich aus dem Schmerz heraus
die Motivation aufzubringen, das eigene innere Kind an die Hand
zu nehmen und selbstständig einen Ausweg zu suchen. Ohne Leid
ist keine Veränderung möglich; ohne dass es uns »richtig« schlecht
geht, ist unser Gehirn nicht bereit für den großen Aufwand neuer
neuronaler Verknüpfungen.


Es gibt durch die Kulturgeschichte hindurch, besonders aus der
Zeit vor der Aufklärung mit ihren bürgerlichen Liebesidealen einer Jane Austen, viele andere, heute sogar als »modern« anmuten-
de Varianten der Paarbildung. Im Mittelalter war zum Beispiel in
jeder vierten Ehe die Frau älter als ihr Mann, und vor der festen
Bindung für das ganze Leben gab es auch hier schon eine Phase

zahlreicher Liebeleien. Das ist auch heute noch bei den strenggläubigen Amish-People in Nordamerika der Fall: Jungen Leuten wird eine Probezeit mit Affären und Amüsements zugestanden, damit die Entscheidung für das Leben danach bewusst und dauerhaft ausfällt. Mr. RIGHT ist nicht des Glückes letzter Schluss.

Bei der Partnerwahl standen bis vor vierzig Jahren stets die Absicherung und das Überleben der Familie im Mittelpunkt. Heutzutage müssen nur die Frauen um den Verlust ihrer finanziellen Sicherheit und ihrer eigenen Karriere fürchten, wenn sie sich für Kinder entscheiden – in einer Ehe, aber erst recht, wenn diese zerbricht: Es ist *ihr* Leben, das scheitern kann, wenn sie ihren Job wegen der Kinder aufgeben, sich selbst die Möglichkeit zum beruflichen Aufstieg einschränken, Mr. RIGHT sie später verlässt oder sie selbst nicht mehr mit ihm zusammenleben wollen. Trotzdem suchen sie gerade deshalb den potenten Versorger, einen Mann, der möglichst noch eine Stufe über ihnen steht. So erklären sie die Liebe (aberwitzigerweise) zu ihrem großen unsicheren Aufstiegs-Traum – anstatt sich, gerade mit guter Ausbildung, einen Arbeitgeber zu suchen, der die Familie mit der Karriere vereinbaren lässt.

Eine Liebe hält nicht, nur weil man geheiratet hat. Ein Trauschein ist kein Garantieschein und der Hochzeitstag kein Alltag. So banal das klingen mag, zeigt doch die anhaltende Verweigerung, zu Beginn einer Partnerschaft (oder zumindest einer Ehe) über den Schutz der Liebe und eine pragmatische Organisation von Kinderbetreuung und Arbeit zu reden, den heimlichen Glauben daran, dass die große Liebe alles von alleine regelt. Doch eine Entzauberung der Liebe findet früher oder später immer statt – entweder mit oder eben ohne Fallschirm.

Am Beginn einer Beziehung, wenn die Liebe noch groß ist und alles so schön überblendet, wollen gerade Frauen oft nicht darüber nachdenken oder klare Verhältnisse schaffen für den Fall der Fälle: Zu ungern denken sie an ein mögliches Scheitern der Liebe, zu nahe fühlen sich viele (endlich) ihrem Traum. Nichts und niemand soll da am Lack kratzen. Der Mann wird bis zum »Geht-nichtmehr« hingebogen, zur großen Liebe und zum zukünftigen Familienvater, Versorger der eigenen Sehnsüchte und Ansprüche – damit das Leben wenigstens einmal so scheint, wie Frau es sich immer erhofft hat.

Doch seit der Reform des deutschen Scheidungsrechts von 2008 sind Männer nicht mehr unterhaltspflichtig für ihre Partnerin, sobald die Kinder über acht Jahre alt sind – und auch vorher nur noch eingeschränkt. Dann reicht das Geld der Frauen oft nicht für die Kinder und später auch nicht mehr für die Rente. So werden sie, gut ausgebildet und ehemals emanzipiert, nicht selten zu »Bittstellern« gegenüber Ex-Mann und Staat: traurige Enden großer Lieben.

Daran muss sich etwas ändern: an den falschen Idealen, an der »freiwilligen Unfreiheit« der Frauen, den bindungsunwilligen Männern und vor allem der Verantwortungslosigkeit der Wirtschaft gegenüber dem Glück ihrer Teilnehmer. Es kann nicht sein, dass Frauen durch die banale Biologie ihrer eingeschränkten Zeugungsfähigkeit immer noch ins Hintertreffen geraten bei der Partnersuche und bei der Berufsausübung (trotz oft besserer Arbeitsleistung und Ausbildung). Es darf nicht sein, dass für sie die wichtigsten Berufsaufstiegsjahre mit den Kindergeburten zusammenfallen, aber die Kinderbetreuung nicht lückenlos gesichert ist und gleichzeitig keine Unterhaltspflicht mehr für Männer besteht.

Es sollte beim heutigen Stand der Technik möglich sein, dass Arbeit flexibler gestaltet wird. Es ist schlimm und ein wirkliches Vergehen an unseren Kindern, dass die Kinderbetreuung in Ausbildung, Bezahlung und Ansehen nicht endlich aufgewertet wird, dass ihr nicht der Stellenwert eingeräumt wird, den sie haben müsste: Sie ist für die Zukunft unserer Gesellschaft maßgeblich. Es kann nicht sein, dass Frauen immer noch ihren Beruf aufgeben, weil sie aus Angst vor zu viel Stress, aus Bequemlichkeit, Steuervorteilen oder aufgrund von Falschinformation glauben, Beruf und verantwortungsvolle Mutterschaft seien nicht von Anfang an miteinander vereinbar.

Alle Liebenden sollten für die Vereinbarkeit von Job und Familie kämpfen – und zwar nicht gegen-, sondern miteinander: Wenn bei Arbeitgebern auch die gesuchten männlichen Fachkräfte kinderfreundliche Konditionen einfordern, wird sich vielleicht endlich etwas ändern am kinderfeindlichen Kapitalismuskonzept – und wenigstens auch ein Stück weit an der Bindungsunwilligkeit der Männer. Dann wird die Vereinbarkeit von Beruf, Privatleben und Familie so selbstverständlich sein, dass sich die Angst der Männer vor der Verantwortung als Allein- oder Hauptversorger (vor und nach der Scheidung) legt.

Es kann nicht länger hingenommen werden, dass so viele Menschen (auch unsere Kinder) bis an den Rand der Erschöpfung getrieben werden, Arbeitszeiten sich immer weiter ausdehnen, gelebtes Liebes- und Familienleben immer noch als zweitrangig oder lächerlich gilt, nur damit Shareholder zufrieden sind und Manager Boni einkassieren.

Männer und Frauen sollten nicht länger gegeneinander um die Erfüllung ihrer konträren Ansprüche kämpfen, sondern lieber ihre eigenen Konsumträume und infantilen Erwartungshaltungen in ihren Liebesvorstellungen entlarven und gemeinsam gegen ein kaltes, berechnendes, unwürdiges Diktat der Gewinnmaximierung vorgehen.

Kapitalismus findet nicht »einfach statt« – er wird von Menschen gemacht, die seine Regeln bis in ihr Privatleben hinein wirken lassen. Sie sollten ihre Liebe gegen den zunehmenden Leistungsdruck schützen! Die Liebe löst nicht unsere Probleme, die wir mit uns selbst haben. Sie kann die Unzufriedenheit über das eigene Leben nicht dauerhaft vertreiben. Wir müssen erst wissen und fühlen, wer wir selbst sind, um die wahre Liebe überhaupt erleben zu können.

Robert Redford lernte seine Frau Sybille (eine gelernte Hotelfachfrau aus Deutschland) 1996 angeblich im Skilift kennen – eine von vielen Märchengeschichten, die Frauen sich gern erzählen, um ihre Hoffnungen auf Mr. RIGHT zu bekräftigen. Doch was wäre wohl aus den beiden geworden, wenn der schöne Robert im Lift auf eine Frau getroffen wäre, die vor lauter Unsicherheit stotternd keinen geraden (noch dazu englischen) Satz herausgebracht hätte, die über den Gedanken »Wow, er ist es wirklich!« hyperventilierend aus der Kabine gestolpert wäre? Wahrscheinlich hätte er ihr auf die Füße geholfen und wäre dann, mit knappem Gruß, davongewedelt.

Oder was wäre aus diesem Paar geworden, wenn er sich nicht jahrelang mit seinem Erfolg auseinandergesetzt und (als einer der wenigen Megastars und »Traummänner«), eine gesunde Einstellung zu sich und seinem Ruhm gefunden hätte?

Der Zufall wird niemals zum ewigen Glück, wenn wir es durch unsere Sehnsüchte und die Erwartungen unserer inneren Kinder zerstören. Deshalb kann man Frauen heute nur raten: Kümmert euch um eure Wünsche selbst. Erfüllt euch eure Träume, geht euren Interessen nach, reist durch die Welt, erweitert euren Horizont, nutzt eure Möglichkeiten. Das Leben hat so viel Spannendes zu bieten. Mit einem selbstgestalteten Leben, Zufriedenheit und einem gesunden Selbstbewusstsein wird früher oder später ein guter Mann euren Weg kreuzen.

Wir können Mr. RIGHT an der Supermarktkasse treffen oder bei der Kfz-Meldestelle, er kann der ganz normale nette Kollege aus dem Büro am Ende des Flurs sein oder der zukünftige Bundespräsident. Und solange wir fähig sind, auch nach Jahren liebevoll auf seine Bedürfnisse einzugehen, und er uns immer wieder zeigt, dass er uns liebt, solange wir mit der eigenen Selbstverwirklichung zufrieden sind und nicht ständig glauben, das Gras wäre irgendwo doch noch viel grüner, wird alles gut. Versprochen.

## Danksagung

Ich möchte mich bei den vielen Männern und Frauen bedanken, die mir überall, in den »Hochburgen« unserer westlichen Kultur, so bereitwillig und ehrlich Auskunft gegeben haben. Besonders bei meinen männlichen Interviewpartnern war ich sehr erstaunt, wie direkt und »ungeschönt« sie mir alle meine Fragen zu Erfolg, Liebe und Sex beantwortet haben: Es erschien mir oft so, als hätten sie nur darauf gewartet, dass sie »mal jemand fragt«, wie sie sich selbst und die modernen Frauen wahrnehmen, erleben und im Laufe ihres Lebens mit ihnen umzugehen gelernt haben. Und ich habe allseits ein ehrliches, reflektiertes Bemühen gespürt, eine eigene, moderne Position zu uns selbstständigen, gleichwertigen weiblichen Teilnehmern dieser Gesellschaft zu finden – sofern wir uns auch dementsprechend verhalten. So kann ich zum Abschluss dieses Buches nur allen anderen Frauen raten: Fragen Sie die Männer doch einfach mal selbst, wie sie sich und uns sehen. Ich verspreche Ihnen, wenn Sie nicht gleich urteilen, sondern verstehen wollen, werden Sie hochinteressante Einsichten bekommen.